KB273792

진리 탐구에 일생을 바치신 아버님
아버님의 제자이자 평생의 조력자였던 어머님
두 분의 영전에 이 책을 바칩니다.

주역

46가지 질문과 대답

안티쿠스
CLASSIC
02

주역
46가지 질문과 대답

한규성 지음 / 한필훈 엮음

안티쿠스
ANTIQUUS

Contents

　세상 모든 일이 인연의 실타래로 얽혀 있다고 하지만, 아버지와 아들의 인연처럼 운명적인 것이 있을까? 이 책은 나의 선친께서 1957년에 처음 출판한 『노소 문답 역학 원리 강화老少問答 易學原理講話』라는 책을 토대로 엮은 것이다. 『노소 문답 역학 원리 강화』는 출간 당시 '최초의 체계적인 주역 입문서'라는 평가를 받았고, 지금까지도 전국 한의과 대학에서 필독서로 꼽히는 책이다. 그러나 이미 집필된 지 오랜 세월이 흘렀기 때문에, 한글 세대를 위해 지나치게 많은 한자어와 한자를 한글로 풀어주고 시대에 맞게 내용도 조금 손보는 것이 좋겠다는 지적을 받아 왔다.

　내 고향은 계룡산 아래 신도안新都安이라는 마을이다. 조선 태조 이성계가 한때 도읍지로 생각했다 해서 '새 도읍'이라는 뜻의 이름을 갖게 된 이 마을은 예전에는 풍수인들이 손꼽는 명당으로, 또 신흥 종교의 집합지로 유명했고, 지금은 육 · 해 · 공 3군

본부가 들어선 군사 지역으로 알려져 있다. 나의 선친은 이 마을에서 생의 후반부를 보내셨다. 그곳에서 태어나고 자라 대학에서 동양 철학을 공부하고 책 만드는 일을 업으로 삼은 내가 아버님의 책을 손보아 다시 세상에 선보이게 된 것은 적어도 나에게는 필연이 아닐 수 없다.

나는 돌아가신 아버님과 대화하는 마음으로 원고를 정리했다. 원저는 한 학생이 산 속에서 노인을 만나 서로 묻고 답하는 형식으로 되어 있는데, 이것을 나와 아버님의 대화로 바꾸었다. 나는 '학생'으로 표시하고, 아버님은 당신의 호인 '백운白雲'으로 적었다. 책의 구성과 내용도 적지 않게 바꾸었다. 저자의 뜻을 해치지 않는 범위에서 좀더 많은 독자들이 큰 어려움 없이 읽어 내려갈 수 있도록 하는 데 주안점을 두었다.

이 책은 주역에 대해 진지한 호기심을 가진 사람들을 대상으로 삼고 있다. 주역을 한번 공부해 볼까 하고 『주역周易』경전을 펼쳐 본 독자라면 더욱 좋다. 이 책을 읽고 나면 주역 이론의 기초가 되는 여러 개념과 논리를 어느 정도 이해할 수 있을 것이다.

1996년에 초판이 나온 뒤 한동안 숨어 있던 이 책을 새롭게 단장하여 출판해 준 안티쿠스에 감사드린다.

2011년 7월

엮은이 한필훈韓弼勳

책머리에 드리는 말씀

인류가 지구상에 나타난 것이 200만 년쯤 전이라고 한다. 그리고는 오랜 세월 진화를 거듭해서 드디어 '생각하는 인간Homo Sapience'이 탄생하기에 이른다. 4,5만 년 전이라는 것이 학자들의 정설이다.

인간은 이토록 영원으로 이어지는 오랜 시간을 지니고 있고 그것은 바로 '생각하는 역사'이기도 하다.

생각하는 역사 –. 그 속에서 맨 처음 응축된 것이 역易이다.

위로는 하늘과 해와 달과 별들, 아래로는 땅과 산과 강과 풀과 나무들, 이들이 모습하는 이치, 살아 움직이는 이치, 생겨나고 스러지는 이치, 피어나고 이울게 되는 이치, 모든 이치를 뭉뚱그려서 그 속을 꿰뚫는 이치가 있다면 그것이 바로 인사 백반人事百般을 관통하는 이치도 되지 않겠는가.

그래서 역은 원리이기도 하고 철학이기도 하고 운명이기도 하고 점占이기도 하다.

우리는 역에서 '인간이란 무엇인가', '자연의 참모습은 무엇인가', '운명은 어떻게 되는가' 등등 수많은 의문을 풀려고 하고 끝없는 신비를 알아내려고 한다. 그러나 역은 쉽사리 그 해답을 제시해 주지 않는다. 분명히 해답을 지니고는 있지만, 우리들이 그 해답을 알아듣지 못하는 것이다. 역이 워낙 심오 현미深奧玄微하기 때문이기도 하지만, 쉬운 말로 전해주는 지인 달사至人達士가 드물기 때문이기도 하다.

이 책의 저자 백운 선생은 이미 천수를 누리고 작고한 분이지만 일찍이 30여년 간을 산중에서 수도하며 역을 연구했다고 한다. 1920년대를 전후한 무렵에는 아마도 심산 유곡에서 '인간은 무엇인가, 어디서 와서 어디로 가는가' 하는 근본적인 철학적 물음을 놓고 각고 정진刻苦精進 한평생을 불사른 지인 달사도 많았을 것이다.

독자들은 백운 선생의 이 책에서 다음 세 가지를 쉽게 접하고 크게 감명 받으리라 생각한다.

첫째는, 대화 형식으로 쓰여졌다는 점이다. 이런 서술 형식은 독자로 하여금 부담 없이 읽어 내려갈 수 있고 친근감을 가지고 차근차근 이해해 갈 수 있게 한다.

둘째는, 물흐르듯 무리없이 내려가는 문장에 담긴 해박한 지식이다. 종횡 무진의 구수한 화술에 감명은 깊어진다.

셋째는, 무엇보다 알기 쉽게 쓴 점이다. 역은 난해하기로 이름
이 나 있지만 그러한 장벽을 완전히 극복하고 있다. 누구나 읽어
서 쉽게 이해할 수 있게끔 쓰여졌다.

역에 관한 해설서나 연구서가 극히 드문 지금, 이 책은 참으로
값진 구실을 할 것이라고 믿는다.

1986년 5월

성균관대학교 유학대학 교수 최근덕 崔根德

서문

사람은 의혹 속에서 났다가 의혹 속에 죽는다. 어디서 와서 무엇을 어떻게 하다가 어디로 가는 것인가? 이 문제는 인생에 주어진 영원한 과제가 아닐 수 없다. 어디로부터 왔느냐를 연구하는 것이 우주 문제이고, 어떻게 살다가 어디로 가느냐를 연구하는 것이 인생 문제이다. 즉 우주와 인생의 문제는 언제나 관련성을 가지면서도 실로 이해하기 곤란하다는 것이 학자들의 공통된 견해이다. 그런데 동양에는 오래 전부터 이 문제를 해명하려는 유일한 철학이 있으니 이것이 바로 '역易'이다.

역은 우주와 인생의 묘리妙理를 일원적一元的으로 밝혀내려는 철학이다. 『주역周易』의 「계사 상繫辭上」에 "역易은 하늘과 땅에 준準한다. 그러므로 천지天地의 도道를 망라한다. 우러러서는 천문天文을 보고 굽어서는 땅의 이치를 살핀다. 그러므로 유명幽明의 근원을 안다. 시초를 찾아서 종말로 돌아온다. 그러므로 죽고 사는 이치를 안다.”고 한 것을 보더라도 그것을 짐작할 수 있을 것이다. 그러나 역의 원리가 너무 심오 현미深奧玄微한 까닭에 그 학문에 뜻을 둔 이는 많았으나 그 묘리妙理를 체득한 이는 드물었다.

백운 선생이 일찍이 세상을 등지고 30여 년간 입산 은거하시어 오로지 역의 원리를 밝혀 내려 초인적인 노력을 하신 결정이 바로 이 책이다. 선생은 이 책을 세상에 발표하려는 의사가 없었으나 여러 벗들의 권유에 못 이기어 수락하셨다.

선생은 이 책에서 시종 쉽고 간명한 문답체로 우주와 인생의 생성生成의 오묘한 이치를 일일이 실례를 들어 자세히 서술하셨다. ‘하늘이 할 일을 사람이 대신 이룬 것[天工代人成]’이니 우연이 아니리라. 『주역』에 관한 주해서, 연구서 등이 몇몇 있지만 이 책은 그런 류가 아니라 오직 선생의 필생의 체험에서 이루어진 특수성을 지닌 희유稀有의 보배로운 책으로서 우리 나라 학술계에 큰 공헌을 하리라고 믿는다.

단기 4290년(1957) 9월
성균관대학교 동양철학과 교수 한상갑韓相甲

서문

백운 선생은 일찍이 세상을 벗어나 산중 수도 30여 년 동안 우주와 인생의 진리를 연구하는 데 참된 정성을 다한 분이며, 특히 역학易學에 대해서는 한 역학자라고만 할 수 없는, 실로 역의 원리의 진수를 체득한 분이다. 선생은 이번에 여러 사람들의 권고로, 만고의 의문인 역학의 원리를 가까이는 사람의 몸과 여러 동식물을 비유하고 멀리는 천문이나 지리에 비유하여 그 현묘玄妙한 진리를 누구든지 알아볼 수 있게 밝히셨다. 이런 점에서 이 글은 동서 고금에 찾아 볼 수 없는 진귀한 보서寶書라 하지 않을 수 없다.

나는 본래 불교인의 한 사람이다. 그러나 우주가 하나요 또 인생이 하나일진대 그것의 진수를 다하였다면 '모든 법이 하나로 귀결萬法歸一'되는 법칙에 따라서도 서로 다를 수 없다는 것을 생각하는 것이다. 내가 무엇을 알까마는 내가 보기에 이 글이 우연의 산물이 아니라는 것을 말하고자 한다.

단기 4290년(1957) 9월

계룡산 동학사_{東鶴寺} 강사 김경봉_{金鏡峰}

자서(自序)

역학이라는 현현(玄玄)한 철리(哲理)를 불초 나로서 논하는 것을 여러 차례 주저하기도 하였으나, 이 학문을 연구하는 사람들에게 참고가 될까 하는 생각과 또 일반인들에게 역학을 소개하는 의미도 있어 이번에 감히 집필하게 되었다.

이 글은 필자가 백운산이라는 산 속에서 한 은사(隱士)를 만나 묻고 답했던 것을 토대로 하고, 여러 사람들이 나에게 질문하던 점을 종합하여 문답의 형식으로 역학의 원리를 해설하려 하였다. 누구든지 알아볼 수 있게 하기 위해 극히 쉬운 말로 쓰고 또 일일이 예를 들어 말하였다. 그런데 너무 알기 쉽게 하느라고 그 심오한 뜻을 다하지 못했다는 생각이 든다. 이 글은 역학의 근본인 하도(河圖), 낙서(洛書), 팔괘(八卦), 구궁(九宮)과 사상(四象), 오행(五行), 육갑(六甲), 역수(易數) 등 역학에서 가장 난해한 점들을 해설하려 하였다.

세상에 이 책을 내놓는 데는 도덕 문화를 사랑하는 여러 뜻있

는 분들의 물심 양면의 후원이 있었다. 특히 노고를 아끼지 않고
힘써주신 서정관 선생을 비롯한 여러분의 참된 뜻에 충심으로 감
사드린다.

단기 4290년(1957) 9월

계룡산 용화사龍華寺에서 한규성韓圭性

1. 쓸쓸하지 않으세요?

학생 선생님, 이렇게 깊은 산 속에서 30년 동안 혼자 지내셨다니 놀랍습니다. 몹시 쓸쓸하실 것 같은데요…….

백운 쓸쓸하다고 느끼면 어떻게 견디겠는가! 뚜렷한 목적과 취미가 있으면 쓸쓸하다는 생각이 자연히 생기지 않는다네.

학생 선생님의 목적과 취미는 어떤 것인지요?

백운 내 취미는 한마디로 진리를 찾아 즐기는 것이라고 할 수 있네. 진리를 알아보려는 목적을 향해 정진하는 가운데서 고독한 느낌을 잊는 거지. 우리는 평생 동안 많은 지식과 경험을 쌓지만 정작 나 자신이 무엇이고, 우주가 무엇인지는 모르고 살지 않나? 나는 이런 삶은 한바탕 꿈에 지나지 않는다고 보네. 도학道學에 뜻을 둔 사람들은 자신과 우주가 과연 무엇인지를 알아보려는 마음으로 산 속에 파묻혀 세상의 즐거움을 잊고 지내는 걸세.

학생 아, 그렇다면 선생님도 하나의 욕망을 가지고 계신 거로군요?

백운 맞아. 나도 욕망이 있지. 우리 도학을 하는 사람들도 어떤 큰 욕망으로 출발했다가 욕망이 없는 자리로 돌아가게 된다네.

학생 어떻게 하면 욕망을 사라지게 할 수 있을까요?

백운 진리를 확실히 체득하면 욕망은 자연히 사라지겠지.

학생 사람에게 아무런 욕망이 없다면 사는 가치가 있을까요?

백운 욕망이 사라져야 더 큰 삶의 가치를 얻게 된다네. 사람은 자연自然의 섭리로 태어나서 자연의 섭리에 따라 살다가 결국 자연으로 돌아가는 존재야. 그러므로 자연의 섭리를 깨달아 헛된 욕심을 씻고 대자연과 함께 사는 것이 자기 욕심에 끌려 고통의 바다에서 허우적대는 것보다 낫지 않을까?

학생 선생님 말씀대로라면 사람이 노력할 필요가 없겠는데요. 만약 모든 사람이 자연의 섭리만 믿고 노력하지 않는다면 이 사회가 어떻게 되겠습니까?

백운 내 말은 노력하지 말고 그저 되는 대로 살라는 뜻이 아닐세. 자기에게 맞지 않는 헛된 욕심에 사로잡혀 쓸모없는 고통을 겪지 말아야 한다는 것이야.

학생 자연自然이란 '스스로 그러하다', '저절로 된다'는 말 아닙니까?

백운 맞아. 사람도 자기의 뜻과 상관없이 저절로 만들어져 태어났고, 우리가 어떤 일을 하는 것도 자기 마음에서 우러나서 하는 걸세. 그러므로 우리 자신에게 실려 있는 자연의 법칙을 알아야 하지.

학생 선생님은 현대 과학도 자연 법칙의 일부라고 보시는지요?

백운 물론이지. 아무리 신비한 것이라 해도 다 알아내면 과학이 되는 거라네. 현대 과학은 사람들이 신비라고 생각했던 많은 것들을 밝혀냈지.

학생 그러면 선생님께서 탐구하시는 우주와 인생의 진리도 과학이라고 할 수 있을까요?

백운 그럼. 다 알아내면 현대 과학 이상의 과학이 된다고 생각하네.

학생 지금 인류는 과학의 힘으로 자연을 지배하고 있습니다. 그런데 왜 선생님은 자연의 법칙에 따라야 한다고 하시나요?

백운 사람이 자연을 지배한다고 생각하지 말고, 자연의 법칙을 알아내 그것을 사람에게 이롭게 쓴다고 보아야 하네. 그리고 내가 말하는 자연의 법칙이란 눈에 보이는 자연계라 아니라 형체가 없는 자연 조화의 원리를 가리키네. 다시 말해 자연계의 변화와 조화를 일으키는 이치理致를 뜻하는 걸세.

학생 그런 이치를 사람이 알아낼 수 있을까요?

백운 알아낼 수 있다고 보네. 사람의 이성理性은 바로 자연의 법

칙이 우리의 정신에 그대로 새겨진 것이기 때문에 우리의 이성을
완전히 발휘하면 궁극에는 자연과 하나가 되어 자연의 법칙을 알
수 있다네. 또 그렇기 때문에 사람의 이성으로는 자연의 법칙을
벗어나는 다른 것을 생각해 낼 수 없기도 하지.

학생 글쎄요? 아무래도 우리들 자신의 생각만으로는 그런 엄청
난 원리를 알아낼 수 있을 것 같지 않은데요. 무언가 도움을 받을
수 있는 방법은 없을까요?

백운 우리의 이성을 완전히 발휘한다는 것은 혼자의 힘만으로
는 어렵지. 그래서 나도 가장 역사가 깊고 논리적인 주역을 공부
하고 있네. 주역은 우주가 창조된 원리와 우주 속의 모든 것이 태
어나고 변화하고 소멸하는 진리를 파헤친 놀라운 철학일세.

2. 진리란 무엇입니까?

학생 요즈음은 『주역』을 점占 치는 책이라고만 생각하는 사람
은 많이 줄었습니다. 주역이 동양 사상과 문화의 원천이라는 정
도는 누구나 아는 것 같아요. 흔히 주역이라고도 하고, 역학易學
또는 역易이라고도 부르는데 역易자의 뜻이 무엇입니까?

백운 역易자는 늘 일정한 것의 상징인 해[日]와 차고 기울어지는
끊임없는 변화를 상징하는 달[月]을 합친 글자라고도 하고, 주변
환경에 따라 몸 색깔이 변하는 도마뱀의 모습을 본뜬 것이라고도
하지. 어쨌든 역易은 '변화變化'를 뜻하네. 『주역』을 서양 사람들
이 『변화의 책The Book of Change』이라고 번역한다는데, 제대로 옮긴
거야.

역易자는 진리란 고정된 것이 아니라 수시로 변한다는 뜻을 표

시한다네. 세상에 존재하는 일체의 사물은 고정 불변의 상태로 있지 않고 끊임없이 변화한다고 보는 것이 역易의 세계관이지.

학생 수시로 변하는 것을 어떻게 진리라고 할 수 있을까요?

백운 물론 자네 말도 일리가 있네. 하지만 그렇지 않은 점도 알아야 하지. 불변의 진리란 변화가 있어야만 성립할 수 있는 것이라네.

학생 무슨 말씀이신지요?

백운 예를 들어 우리의 몸을 보세. 우리 몸에서 불변의 진리라고 할 수 있는 것이 무엇일까? 그것은 바로 생명을 유지하는 것이지. 그런데 우리의 생명은 신체 각 기관들의 끊임없는 생리적 운동 덕분에 유지되고 있지 않은가. 심장에서 뿜어낸 피가 온몸을 돌고, 폐가 쉼없이 공기를 들이마시고 내쉬는 것 같은 운동 말일세. '사람의 생명'이라는 불변의 진리는 '생리적 운동'이라는 변화를 얻어야만 성립하는 것이라네.

학생 알겠습니다. 그런데 그것은 인체에만 국한되는 것 아닐까요?

백운 아니야. 사람의 몸이나 우주나 똑같다네. 우주도 우리와 똑같은 생명 운동을 하고 있어. 우주의 불변의 진리는 무엇일까? 말할 것도 없이 천체 운행의 질서를 유지하고, 우주 안의 모든 생명을 낳고 키우고 죽여 순환시키는 것이겠지.

우리가 사는 지구는 자전을 하는 동시에 태양을 중심으로 타원형 궤도를 그려 가면서 회전 운동[공전]을 하네. 지구가 자연의 법칙에 따라 360여 도度라는 궤도를 운행하는 사이에 봄, 여름, 가을, 겨울 사계절이 나타나지. 그리고 사각형의 한 각이 90도인 것처럼 한 계절은 90일로 이루어지네. 이처럼 지구의 운행으로 나타나는 사계절은 각기 차연의 특유한 성질을 발휘하여 모든 생물의 태어남, 성장, 소멸을 주관하네. 이런 천체의 운동이 없다면 사람을 비롯한 생명체가 어떻게 지구에서 살아갈 수 있겠나!

학생 그렇다면 진리의 형태란 일정하지 않겠군요.

백운 물론. 변화 없는 진리란 있을 수 없지. 농부는 봄에 씨를 뿌리고 가을에 곡식을 거두어야 하네. 또 산에 가면 산에 맞도록 살고, 바다에 가면 바다에 맞도록 살아야 하네. 이처럼 진리는 장소[공간]와 때[시간]에 따라 달라지네. 불변의 진리는 천 가지 만 가지의 진리로 퍼져 나가 우주에 가득한 것이라네.

학생 '역易'이라는 말뜻은 이제 어느 정도 알겠습니다. 그러면 여러 가지로 퍼져 나가는 진리의 근본적인 목적은 무엇이라고 할 수 있을까요?

백운 그것은 바로 삶, 생명일세.

학생 선생님 말씀대로 생명이 우주의 진리라면, 왜 죽음이라는 현상이 존재할까요?

백운 아주 중요한 질문일세. 삶과 죽음의 문제는 인간이 사색해 온 가장 심각한 주제 가운데 하나지. 육체의 영생을 바라는 인간의 열망은 불로초不老草와 신선神仙의 꿈을 만들어 냈고, 영혼의 영생을 얻기 위해 사람들은 하느님을 찾기도 하지. 하지만 죽음이란 삶의 한 측면일 뿐이라네. 죽음은 생명의 한 과정으로서, 죽음을 위한 죽음이 아니라 삶을 위하여 생기는 현상이지. 만약 죽음이 없다면 삶 또한 있을 수 없는 거야.

이것은 상대가 있어야만 한 현상이 나타나는 자연의 법칙에 따른 걸세. 결국 죽음이란 생명이 태어나고 살아가고 죽고 또 다른 생명이 태어나는 영속적인 생명 운동의 한 측면이지. 부모가 자식을 통해 자신의 생명을 이어가는 것처럼 말이야.

3. 『주역』이라는 책

학생 선생님은 『주역』이 우주와 인간이 생겨나고 살아가는 원리, 곧 자연의 법칙을 파헤쳐 놓은 책이라고 하셨는데, 사실 현대인들은 우리의 삶이 어떤 보이지 않는 힘의 지배를 받는다는 것을 받아들이지 않습니다. 그런 생각을 하는 사람은 비과학적인 운명론자라고 공격받지요.

백운 우리 인간이 자연을 지배할 수 있다고 외치던 때도 있었지. 하지만 오늘날 그 결과는 자연의 파괴로 말미암아 인간의 생명을 위협하는 재앙으로 돌아오고 있지 않은가?

현대 과학은 물론 위대하지. 우리 삶에 혁명적인 변화를 가져다 주었어. 그러나 그 과학도 아직 발전 과정에 있을 뿐이라는 사실을 겸허하게 인정해야 하네. 아직도 과학으로 해명하지 못하는 일이 무수히 많지 않은가? 심지어 생명의 기원, 사람의 몸과 정신의 작용 같은 문제도 미지의 영역으로 남겨 놓고 있어. 이런 불완전한 과학을 가지고 그보다 차원 높은 영역에 대해 일방적으로 판단해 버리는 것이야말로 비과학적인 태도라는 걸 알아야 해. 과학의 미신에 빠진 것이라고 할 수 있겠지.

자연의 법칙이라는 것도 하나의 과학이네. 물론 현대 과학과는 차원이 다른 것이지. 자연의 법칙은 가장 합리적이고 참되고 아름다운 것이라네. 그리고 그것은 사람이 저항할 수 없는 절대적인 힘을 가지고 있지.

자연의 법칙에 저항한다는 것은 곧 죽음을 의미하네. 우리는 자연을 지배하겠다는 헛된 욕심을 버리고, 자연의 법칙 다시 말해 우리 생명의 근본 자리에 의거해서 살아가겠다는 생각을 해야 하네. 자연의 법칙을 따를 때 우리는 진정한 자유를 누릴 수 있는 걸세.

학생 주역을 만든 고대인들은 어떻게 자연의 법칙을 알아낼 수 있었을까요?

백운 자연에 대한 관찰과 사색과 직관直觀을 통해서지. '사람은 작은 우주'라는 말이 있지 않나? 이 말은 사람의 육체는 물론 정신도 자연의 법칙과 똑같은 원리로 이루어졌다는 뜻이네. 앞에서도 말했듯이 자연의 법칙과 사람의 이성理性은 같은 원리로 되어 있기 때문에 이성을 완전히 발휘한다면 끝내 자연의 법칙을 파악

할 수 있다고 보네. 그런 경지에 이른 위대한 사람을 우리가 성인聖人이라고 부르는 것 아닐까?

학생 자연의 법칙을 알아낸 사람은 미래를 내다볼 수도 있겠군요?

백운 진리를 알아낸 사람은 보통 사람의 안목으로는 알 수 없는 변화의 이치를 이용할 수 있겠지. 그러나 그것은 흔히 말하는 주술呪術이나 점占과는 다르다네. 중요한 것은, 진리를 공부하는 목적이 신통력을 얻거나 점을 치기 위해서가 아니라는 사실을 확실히 깨닫는 거야. 미래를 알려는 생각보다 먼저 나 자신을 알겠다는 생각을 해야 한다는 말일세.

책을 묶은 가죽 끈이 세 번이나 끊어질[위편삼절韋編三絶]만큼 주역을 연구했다는 공자孔子도 이 세상을 어떻게 살아갈까 하는 현실의 문제를 탐구했을 뿐, 미래를 예언하거나 점치는 일에는 관심을 기울이지 않았다네. 그리고 다산 정약용(茶山 丁若鏞, 1762~1836) 선생도 이런 말을 했지. "수십 년 동안 역을 연구했지만 나 자신의 일을 가지고 점을 쳐 보지는 않았다."

4. 생명의 씨앗, 태극

학생 『주역周易』에 "역易에 태극太極이 있으니, 태극이 양의兩儀를 낳고, 양의가 사상四象을 낳고, 사상이 팔괘八卦를 낳는다." 는 말이 있다던데요, 이 말이 무슨 뜻입니까?

백운 태극에서 팔괘가 생겨난 차례를 말한 걸세. 태극이라는 우주의 근본 원리에서 음과 양이라는 서로 대립하는 두 가지 성질이 생기고, 그 두 가지 성질이 다시 갈라져서 네 가지 형상[四象]으로 나타나며, 네 가지 형상이 다시 나누어져 팔괘八卦라는 여덟 가지 형상을 이룬다는 뜻이지.

이 말에서 주역의 근본이 태극太極이라는 것을 알 수 있네. 태극이라고 할 때의 태太자는 제일 크다는 뜻이고, 극極자는 가장 넓고 높은 극단이라는 뜻이지. 결국 태극이란 '제일 크고 넓고 높은 근본 원리'라는 말이네.

학생 그 말씀은 너무 추상적인데요.

백운 그래, 알고 있네. 하지만 말로 표현하기 어려운 것이 바로 태극이기도 해. 왜냐하면 이론의 단계가 아니라 이론의 근원이기 때문일세. 따라서 태극은 이해의 단계가 아니라 직감直感의 경지라고 할 수 있지.

태극은 한마디로 우주 생명의 원리라네. 그 원리가 뻗어 나가 우주 공간의 모든 것을 만들어 냈지. 다시 말해 태극의 분석적인 해석이 우주 삼라만상이라는 걸세. 그러므로 태극을 참으로 알려면 우주 삼라만상을 알아야 하는 거야.

식물의 씨앗을 한번 생각해 보게. 작고 동그란 씨앗 속에는 그 식물의 모든 것이 응축되어 있지. 태극은 바로 씨앗과 같네. 태극 속에는 우주의 모든 원리와 생명이 잠재되어 있다네.

학생 우리나라 태극기 한 가운데에 그려져 있는 태극 그림을 떠올리니까 이해하기 쉬운데요. 그 그림은 음과 양을 한데 품고 있는 태극의 모습을 형상화한 것 같아요.

백운 맞네. 태극 그림은 음과 양이 아직 움직이기 전의 상태인 태극을 잘 표현했어.

5. 둘이면서 하나인 것, 음과 양

학생 음과 양이 태극에서 어떻게 생겨납니까?

백운 역에서는 물질과 정신을 비롯한 우주 속의 모든 것이 음과 양이라는 두 가지 성질로 이루어졌다고 보네. 태극이 움직임에 따라 음과 양이라는 분별이 생기는데, 처음 출발을 준비하는 모습이 음이고, 그 움직임은 양이 되지. 따라서 음은 고요함[靜], 소극성, 퇴행성, 유약함 등을 대표하고, 양은 움직임[動], 적극성, 진취성, 강함 등을 대표하네. 그러나 음과 양은 이원적二元的인 것이 아니라 일원적一元的인 상대성相對性이라는 점에 유의해야 하네. 다시 말해 음과 양은 태극의 양면적인 작용을 나누어서 말하는 걸세. 마치 동전의 앞·뒷면과 같지.

학생 좀더 자세히 말씀해 주시지요.

백운 그래. 약간 어려울 거야. 하지만 이건 음양 이론에서 아주 중요한 논리일세. 일원적 상대성이라는 말은 한마디로 양은 음을 기본으로 해서 움직이고, 음은 양에 의지해서 고요하다는 거야. 음의 극단이 곧 양이고 양의 극단이 음이며, 고요함의 극단이 움직임이고 움직임의 극단이 고요함이라네.

학생 고요함과 움직임은 서로 대립적인 성질인데, 두 가지가 통한다는 것은 이해하기 어렵습니다.

백운 고요함도 운동의 한 측면이라네. 운동이 있기 때문에 고요함이라는 성질도 있는 거지. 운동 없는 고요함은 있을 수 없고, 고요함 없는 움직임도 있을 수 없다는 말일세. 고요함이라는 것은 곧 움직이지 못하게 하는 작용인데, 그것 또한 하나의 힘이네. 움직임이 나아가고자 하는 힘이라면, 고요함은 끌어당기는 힘이야. 이 두 가지 힘이 작용할 때 회전 운동이 생기는 거라네.

학생 네. 잘 알겠습니다. 그런데 왜 음이 처음이 되고, 양은 그다음이 되어야 합니까?

백운 모든 사물이나 일의 순서가 다 그렇다네. 작은 것이 크게 자라나고, 어두운 것이 차츰 밝아지고, 낮은 데서 높은 데로 뻗어나가는 것처럼 말일세. 그런 의미에서 음양이라고 하여 음을 앞에 두는 거지.

학생 실제로 어떤 사물이 음인지 양인지를 어떻게 구별합니까?

백운 양은 원래 햇볕이라는 뜻이고, 음은 그늘이라는 뜻이지.

그런데 음과 양은 햇볕 자체나 그늘 자체만을 말하는 것이 아니라 '햇볕과 그늘의 관계'처럼 서로 대립적인 모든 성질이나 사물을 말하는 거야. 그런데 문제는 이런 구별이 항상 고정되어 변하지 않는 것이 아니라는 점이네. 경우에 따라서는 남자를 음, 여자를 양이라고 할 수도 있다네.

학생 예? 그건 또 무슨 말씀입니까?

백운 어떤 사물이나 현상을 볼 때는 '안에 들어 있는 작용성'과 '밖으로 드러난 형체', 이 두 가지 측면에서 관찰해야 하네. 그리고 두 가지 가운데 한 측면이 양이라면, 또 다른 측면은 반드시 음이 되네. 이것은 하나의 사물이나 현상이 생기려면 음과 양이라는 대립적인 원리가 필요하기 때문이지.

예를 들어 남자는 외모가 강건하고 활동적인 성질이 있지만 인내심과 지조는 여자보다 못하네. 반대로 여자는 외모가 부드럽고 행동이 조용하지만 인내심과 지조가 강하지. 따라서 남자는 외면

음	양
땅	하늘
여자	남자
가을,겨울	봄,여름
물	불
추움	더움
습함	건조함
어둠	밝음
안	밖
아래	위
탁함	맑음
부드러움	강함
내려옴	올라감
모임	흩어짐
물고기	새
무거움	가벼움
발	손
물러남	나아감

적으로는 양이지만 내면적으로는 음이고, 여자는 외면적으로는
음이지만 내면적으로는 양이네. 이처럼 어떤 측면을 기준으로 관
찰하느냐에 따라 사물의 음과 양이 달라지는 걸세. 또 같은 남자
라고 해도 다시 음·양으로 나눌 수 있네. 어떤 사람이 자기보다
더 활동적인 사람과 같이 있을 때는 음이 되고, 자기보다 조용한
사람과 같이 있을 때는 양이 되는 거지.

　계절에 비유해서 좀더 이야기해 보겠네. 여름에는 기온이 높아
몹시 더운[陽] 반면 습기[陰]가 많고, 겨울에는 몹시 추운[陰] 반면 매
우 건조[陽]하네. 이처럼 음양은 고정된 것이 아니라 항상 상대적
이고, 모든 사물은 음과 양의 성질을 동시에 가지고 있다네.

6. 사상이라는 네 기둥

학생 태극이 음과 양으로 갈라져서 양면적인 작용을 한다는 것은 알겠습니다. 하지만 음양이 사상을 낳는다는 것은 잘 이해되지 않습니다. 사상이란 네 종류의 형상이란 말이지요. 그런데 음과 양이 각각 갈라지면 두 개의 음과 두 개의 양이 생겨 모두 네 가지가 된다고 해도, 성질로 보면 음과 양이라는 두 가지밖에 없는 것 아닐까요?

백운 앞에서 말했듯이 음陰이다, 양陽이다 하는 각각의 현상도 다시 한 번 음·양으로 구별할 수 있네. 음이라는 것도 그 속에 나타나지 않는 양이 있기 때문에 성립하는 것이란 말일세. 그러므로 음이 나누어지면 두 개의 음이 생기는 것이 아니라 음 속에 숨어 있던 양이 또 하나의 성질로 나타나게 되네. 음이 나누어지면 음과 음이 되는 것이 아니라 음과 양이 되는 것이지. 양도 마찬가지로 양과 음, 두 가지로 나누어져 모두 네 종류가 되는 걸세. 이것이 사상이야.

학생 그렇다고 해도 결국은 음의 성질과 양의 성질이라는 두 가지만 남는 것 아닐까요?

백운 맞아. 하지만 본래의 순수한 양과 음 속에서 나온 양은 서로 다르네. 음 속에서 나온 양은 음을 끼고 있는 양이고, 양 속에서 나온 음도 양을 끼고 있는 음이라서 본래의 순수한 음·양과는 구별되네. 같은 양 또는 음이라고 해도 그 내용이 다르다는 말일세.

학생 그렇게 가면 끝없이 나누어지겠군요?

백운 그렇지. 음과 양이라는 두 가지 성질이 이처럼 끝없이 퍼져 나가 무수한 생물을 만들어 내는 것이라네.

학생 이제마(李濟馬, 1838~1900) 선생의 사상 의학四象醫學에서도 사람을 체질에 따라 태음인太陰人, 소양인少陽人, 소음인少陰人, 태양인

太陽人으로 구별하는데 그 구분법이 주역에서 나온 것이군요.

백운 맞네. 사상四象 이라는 자연의 법칙이 사람의 체질과 병, 그리고 병을 치료하는 약물 등에 나타나는 걸세. 그것을 체계화한 것이 사상 의학이지. 그리고 우리의 혈액형도 크게 Rh(+) 와 Rh(-) 로 나누어지고, 또 각각 A · B · O · AB 형으로 나누어지지. 이처럼 음양이나 사상은 세계에 대한 이해를 돕기 위해서 만들어낸 개념이 아니라 세계가 그런 원리로 이루어졌음을 표시하는 것이라네.

학생 사상은 자연의 법칙이니까 천체의 운행과도 관계가 있겠군요?

백운 당연하지. 앞에서 이야기했듯이 음은 끌어당기는 성질이 있고, 양은 밀고 나가는 성질이 있네. 끌어당기는 성질을 정靜이라고 하고, 밀고 나가는 성질을 동動이라고 하지.

그런데 밀고 나가는 성질도 두 가지로 나누어지네. 하나는 좌우로 운동하는 것이고, 다른 하나는 상하로 운동하는 걸세. 마찬가지로 끌어당기는 힘에도 좌 · 우, 상 · 하의 구별이 있지. 이 가운데 좌 · 우로 운동하는 것은 천체의 회전 운동이 되고, 상 · 하로 운동하는 것은 승강昇降 운동이 되네.

그런데 음양이나 사상이 태극을 기본으로 해서 생기는 것과 같이 천체도 중심이라는 한 점을 기본으로 해서 운동하지. 이처럼 음양과 사상의 원리는 천체의 운동에도 나타난다네.

7. 초보적인 완성, 팔괘

학생 주역에서는 음을 '‒‒'로, 양은 '—'로 표시하는데 이 부호들에는 어떤 뜻이 있습니까?

백운 그렇게 가로로 그은 획을 효爻라고 부르지. 효爻자에는 '사물의 형상을 본뜬다'는 뜻이 있는데, 효는 고대인들이 음과 양의 성질을 표시하기 위해 사용한 상형 문자 같은 걸세. 음을 형상화한 '‒‒'는 음효陰爻, 양陽을 형상화한 '—'은 양효陽爻라고 부르지.

학생 주역의 괘卦는 모두 효爻들로 이루어져 있지요?

백운 맞아. 그런데 주역의 괘를 설명하려면 지금까지 살펴본 내용을 다시 한 번 정리해 볼 필요가 있네.

먼저 생명의 근원인 태극에서 음과 양이 갈라진다고 했지. 이 과정을 '1단계 변화'라고 부르기로 하세. 그러면 '2단계 변화'는

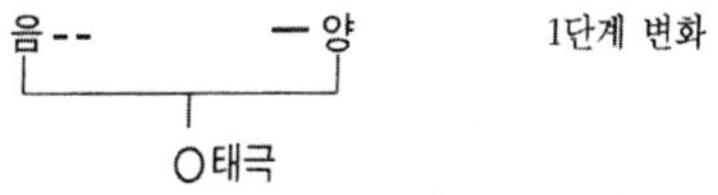

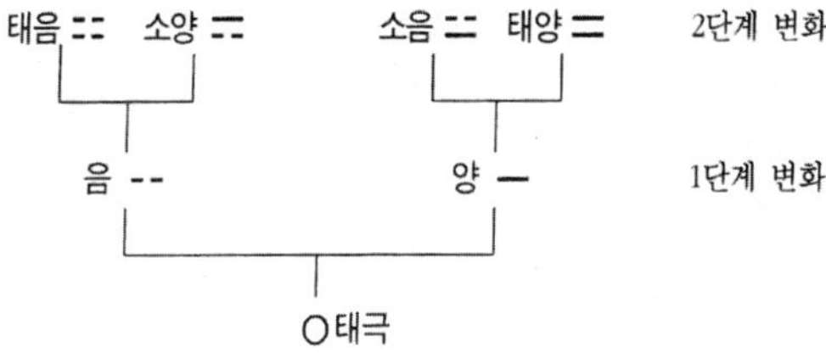

음과 양이 다시 각각 나누어져 사상이 되는 과정이겠지.

2단계 변화로 생긴 사상은 각각 두 개의 효로 이루어져 있는데 아래에 있는 것이 첫 번째 효, 위에 있는 것이 두 번째 효라네. 그런데 태양과 소음은 첫 번째 효가 양(—)이고, 태음과 소양은 첫 번째 효가 음(--)이지. 이것은 중요한 이야기니 주의 깊게 듣기 바라네. 첫 번째 효는 사상이라는 네 가지 분별을 나타낸 것이 아니라 본래의 음과 양 자체를 나타낸 걸세. 그러니까 첫 번째 효는 사상의 뿌리이고, 두 번째 효는 가지라고 할 수 있지. 사상의 첫 번째 효는 그 상象의 집안 내력을 표시한 거야.

학생 각각의 상을 이루는 두 효가 음·양의 크고 작음을 표시하는 게 아니라는 말씀입니까?

백운 음·양의 크고 작음을 표시한 것이 아니라, 태극이 단계

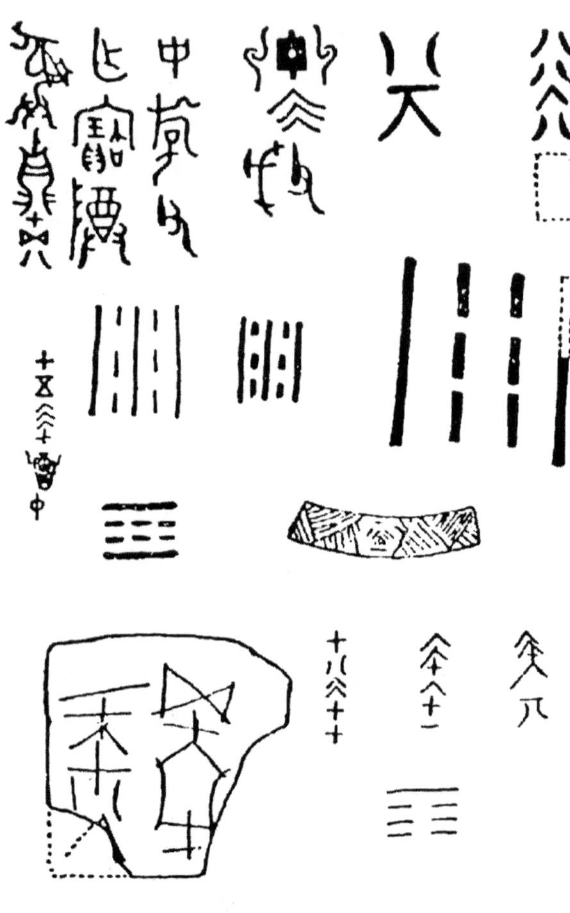

중국 고대의 그림 문자

별로 변하는 모습 그대로 그어 나간 거야. 첫 번째 효는 1단계 변화, 두 번째 효爻는 2단계 변화를 표시한 거지.

학생 그래서 3단계 변화로 생겨난 팔괘八卦는 각각 세 개의 효로 이루어진 것이군요?

백운 그렇지. 팔괘의 각 괘에서 첫 번째 효는 1단계 변화, 두 번째 효는 2단계 변화, 세 번째 효는 3단계 변화를 표시한 거야. 이처럼 세 차례의 변화에 따라 팔괘라는 여덟 가지 구별이 생기는 걸세.

여기서 중요한 것은 세 차례의 변화를 거치면 여덟 가지 분별이 생기고, 여덟 가지 분별이 생기려면 반드시 세 차례의 변화가 필요하다는 점이네. 이것은 3단계의 변화를 거치면 모든 사물의 초보적인 형상이 이루어지는 자연의 법칙을 담고 있는 걸세.

학생 초보적인 형상이라고 하셨는데, 그럼 더 수준 높은 형상이 있다는 말씀이군요.

백운 그렇지. 우주의 원리를 완전히 갖춘 하나의 고등 생물이

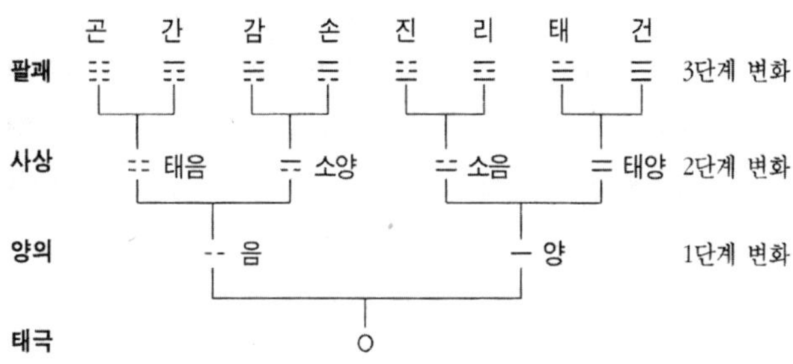

이루어지려면 3의 세 배인 9단계의 과정을 거쳐야 하네.

　학생 그러면 세 효로 이루어진 팔괘는 아주 완성된 것은 아니겠군요?

　백운 맞아. 그래서 팔괘를 작게 이루어진 괘, 곧 소성괘小成卦라고 부르지.

　학생 9단계의 과정을 거쳐 완성된 고등 생물이란 무엇을 말합니까?

　백운 동물이지. 특히 동물 가운데서도 사람이 우주의 이치를 가장 완전하게 갖추고 있다고 하네.

　학생 사람이 9단계의 과정을 거쳐서 이루어졌다는 증거가 있을까요?

　백운 증거라? 눈에 보이는 것이 있어야만 믿을 수 있다는 말이로군. 그래, 이해를 돕기 위해 예를 들어 보지. 하지만 역은 이치의 세계이기 때문에 고정된 사물에 비추어서는 완벽하게 설명할 수도 없고 이해할 수도 없네. 그래서 역을 공부하는 데는 관찰만이 아니라 사색과 추리가 필요하다네.

　사람이 9단계의 과정을 거쳐서 이루어졌다는 것은 우선 겉모습에서 짐작할 수 있네. 우리 몸은 크게 머리, 몸통, 다리 세 부분으로 나누어지지. 그리고 세 부분은 다시 각각 셋으로 나눌 수 있네. 이것을 모두 합하면 9단계가 되지.

1. 머리 : 입의 단계, 코의 단계, 눈의 단계

2. 몸통 : 아랫배(창자), 배(위), 가슴(폐)

3. 다리 : 세 마디(발, 종아리, 허벅지)

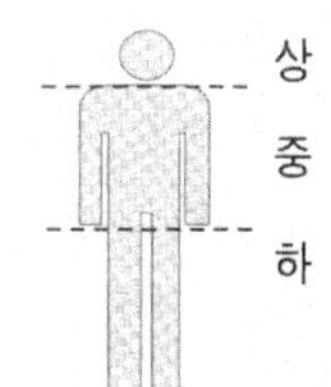

뿐만 아니라 아기가 잉태한 지 약 270일 만에 태어나는 것도
이런 이치에 따른 걸세. 한 달(30일)을 1단계로 하면, 9단계에 이르
러 아기가 태어나는 거지.

학생 현대 생리학에서는 임신에서 분만까지 약 276.7일이 걸린
다고 하거든요, 그런데 선생님은 어떤 근거로 약 270일이 걸린다
고 하십니까?

백운 276.7일이 걸린다는 계산은 임산부의 마지막 월경의 첫날
부터 따진 것이고, 내가 약 270일이 걸린다고 한 것은 마지막 월
경이 끝난 날부터 계산한 거라네.

학생 아, 그렇군요. 그런데 선생님, 또 한 가지 궁금한 것이 있

곤(坤)	간(艮)	감(坎)	손(巽)	진(震)	리(離)	태(兌)	건(乾)	팔괘(八卦)
노음(老陰)		소양(少陽)		소음(少陰)		노양(老陽)		사상(四象)
음(陰)				양(陽)				양의(兩儀)
								태극(太極)

팔괘의 생성

습니다. 왜 음·양은 양의兩儀라고 해서 의儀자를 쓰고, 사상四象에는 상象자, 팔괘八卦에는 괘卦자를 쓰는 걸까요? 양의兩儀를 양상兩象이라고 하거나 팔괘八卦를 팔상八象이라고 해도 상관없을 것 같은데요.

백운 단계별로 글자를 다르게 쓰는 것은, 무형無形에서 유형有形으로 변화해 나오는 진전 상태를 구별해서 표시하기 위해서지. 양의兩儀는 상象이 나타나기 전의 무형無形의 상태를 의미하고, 사상四象은 건축물의 네 기둥만 세워 놓은 상태라고 할 수 있고, 팔괘八卦는 사상四象이 더 진전되어 형체를 이루었다는 뜻을 표현한 거라네.

8. 64개의 암호

학생 세 효爻로 이루어진 팔괘八卦를 소성괘小成卦라고 하셨는데, 그러면 대성괘大成卦도 있겠군요?

백운 한 괘가 여섯 효爻로 이루어진 괘卦를 대성괘大成卦라고 하네. 이것은 태극이 여섯 차례의 변화를 거쳐 이루어진 괘지. 태극이 세 차례의 변화를 거치면 한 괘가 세 효로 이루어진 소성괘小成卦 여덟 개가 되고, 같은 방법으로 또 다시 세 차례의 변화를 거듭하면 한 괘가 여섯 효로 이루어진 대성괘 64개가 생기네. 이것을 64괘라고 부르지.

학생 64괘보다 더 많이 분화된 괘는 없습니까?

백운 없네.

학생 앞에서는 모든 것이 아홉 차례의 변화를 거쳐야 완성된다고 하셨는데, 왜 여기서는 여섯 차례의 변화를 거친 64괘卦에서 그친다고 하십니까?

백운 내가 9단계의 변화를 말한 것은 육신과 정신을 모두 갖춘 생물이 구성되는 법을 말한 걸세. 하지만 주역의 괘는 여섯 효爻로 된 괘卦에서 그치지. 그것은 천체가 운행하고 기후가 변하는 자연 변화의 법칙에서 그친 것이라는 말과 같네. 64괘는 자연 변화의 법칙과 생물이 여러 종種으로 나누어지는 법칙을 표시한 거야.

학생 64괘가 자연 변화의 법칙과 생물이 여러 종으로 나누어지는 법칙을 나타냈다는 점에 대해 자세히 말씀해 주십시오.

백운 그 이야기를 하려면 먼저 주역의 수數에 대해 알아야 하네. 수는 주역을 푸는 암호라고 할 수 있는데, 자세한 것은 뒤에서 보도록 하고, 여기서는 64괘에 관련된 것만 말하겠네.

64괘는 각각 여섯 효爻로 되어 있지. 이 6이라는 수는 1년 360여 일의 360 과 같은 뿌리를 가졌네. 그리고 64괘의 효를 모두 더하면 384개인데, 384는 1년 24절기라는 24와 1년 360여 일이라는 360을 합한 수數와 같네.

학생 그런 식으로 말씀하신다면 귀에 걸면 귀걸이, 코에 걸면 코걸이가 될 것 같은데요?

백운 그래. 그렇게 생각하는 것도 무리는 아니지. 그러나 과연 그런지는 공부를 더 하고 나서 판단해도 늦지 않아. 주역의 수가 아무런 원칙 없이 갖다 붙이는 숫자 놀음에 지나지 않는지, 아니면 수리 철학적 합리성을 가진 것인지는 차차 자네 스스로 깨닫게 될 걸세. 주역의 수는 수학에서 사용하는 수와는 다르네. 주역을 공부할 때는 수학의 수 관념에 얽매여서는 안 되고, 수리 철학적인 뜻을 다방면으로 살필 줄 알아야 하네.

학생 죄송합니다. 그럼 64괘卦의 총효수인 384가 24절기와 360일을 더한 것에 해당한다는 점에 대해 말씀해 주십시오.

백운 먼저 주역의 수에는 체수體數와 용수用數의 구별이 있다는 걸 알아야 하네. 자네, 중체서용中體西用이라는 말을 들어 본 적이 있겠지. 중국 사람들이 서양 문화를 받아들일 때 내건 원칙 가운데 하나인데, 중국의 것을 기본으로 삼고 서양의 것을 활용한다는 뜻이지. 이처럼 체體라는 글자에는 '기본', '본체'라는 뜻이 있고, 용用이라는 글자에는 '작용', '활용'이라는 뜻이 있네.

수도 철학적인 뜻으로 보면 본체와 작용으로 나눌 수 있네. 체수體數는 용수用數의 기본이 되는 수이고, 용수用數는 체수體數의 작용이 되는 수라네. 또 용수는 체수를 얻어야 작용할 수 있고, 체수는 용수를 얻어야 목적을 이룰 수 있지.

이처럼 수에도 체·용이라는 상대적인 구분이 있고, 이 두 가지가 서로 조화를 이루어 생물을 낳고 기르는 일을 하네. 그런데 우리는 흔히 용수만 알아볼 뿐 체수에는 별 관심이 없지. 그것은 체수는 마치 나무의 뿌리처럼 늘 숨어 있고, 용수는 드러나 작용하는 활동적인 수이기 때문이야.

이런 예는 많지. 우리는 하늘의 해, 달, 별을 바라보면서도 그것들이 존재할 수 있는 기본인 공간이 있다는 사실을 잊기 쉽네. 사람의 외모나 신체 기관의 작용에만 신경을 쓰고, 정작 그 모든 것을 좌우하는 마음의 작용을 잊기 쉬운 것도 마찬가지지.

학생 수를 비롯한 모든 사물에 체體·용用의 구별이 있다는 점을 이해하겠습니다.

백운 그럼 본래 이야기로 돌아가 볼까? 주역의 64괘에도 체·용의 구별이 있네. 64괘 가운데 건乾, 곤坤, 리離, 감坎 네 괘를 체괘體卦라고 하고, 나머지 60괘를 용괘用卦라고 하지. 체괘는 사정괘四正卦라고도 하는데 태극기에 그려져 있는 괘卦들일세.

이 네 가지 괘를 뺀 60괘의 60이라는 수는 1괘가 6효라고 할 때의 6과 같은 뿌리를 가진 수이고, 60괘의 총효수인 360효는 원圓의 도수度數 360도와 같고 1년 360여 일에 해당하네.

그리고 체괘인 네 괘의 효를 모두 더하면 24효인데, 이것은 1년의 24절기에 해당하지.

학생 체괘의 총효수를 24절기에 비유하시는 걸 보니 24절기가 360일의 체體가 되는 모양이군요?

백운 맞아. 역법歷法을 보면 1년 360여 일을 24로 나누어 15일을 한 마디로 삼았는데, 이 마디를 절기節氣라고 하지. 절기는 한마디로 말해 기후의 표준점이야. 다시 말해 1년에는 24개의 마디가 있는데, 이 마디에 따라 기후의 변동이 생기네.

이상 기후라고 하는 요즘에도 입춘立春이 되면 날씨가 눈에 띄게 따뜻해지고, 대한大寒이 되면 몹시 추워지는 것을 피부로 느낄 수 있지 않은가? 1년의 24절기는 우리 몸에 뼈마디가 있어 팔다리를 움직일 수 있는 것에 비유할 수 있지.

이처럼 눈에 보이지 않는 시간의 흐름에도 변화의 마디가 있는데 그 마디를 체體라고 하고, 한 절기 사이의 15일을 그 절기節氣에 대한 용用이라고 하네. 그러므로 360여 일의 360은 1년에 대한 용수用數가 되고, 24절기의 24는 1년에 대한 체수體數가 되는 걸세.

$$64괘 \begin{cases} 체괘\ 4 \times 6효 = 24(절기) \\ 용괘\ 60 \times 6효 = 360(일) \end{cases}$$

학생 마디가 체가 된다면, 사람의 손마디 하나하나도 체라고 할 수 있습니까?

백운 그렇지. 체라는 말은 주체, 본체라는 뜻이니 아무리 미미한 사물에도 모두 들어 있네. 물질의 핵이나 우주의 중심처럼 크면 큰 대로, 작으면 작은 대로 모든 사물의 일에는 체와 용이 있는 거라네.

학생 1년의 24절기는 사람의 뼈마디와 달리 눈으로 볼 수 없는데, 무슨 근거로 24절기가 있다고 하는 걸까요?

백운 24절기란 자연의 법칙을 알아내서 그대로 정한 것일 뿐이야. 분명히 근거가 있는데도 눈에 보이지 않는다고 해서 믿지 못하는 것은 정말 비과학적인 태도일세. 사람의 눈으로는 파리가 볼 수 있는 자외선도 보지 못하지 않나?

학생 알겠습니다. 그런데 선생님께서 64괘가 생물이 여러 종種으로 나누어지는 법칙을 나타냈다고도 하셨습니다.

백운 물론 생물도 자연의 법칙에 따라 태어나지. 한 가지 예를 들어 보겠네.

자네, 생물 시간에 유전 정보를 전달하는 DNA에 대해 배운 적이 있겠지? DNA는 당과 인산, 염기가 결합한 단순 구조로 되어 있는데, 유전 정보를 전달하는 DNA의 능력은 아데닌(A), 구아닌(G), 티민(T), 시토신(C)이라는 이름의 네 가지 염기의 배열에서 비롯되네. 염기가 DNA의 사다리 속에서 어떤 순서로 배열되어 있는가에 따라 유전의 암호문이 작성되고, 그 암호문에 부모의 형질이 실려 자손에게 유전되는 것이지. 한 사람이 가진 DNA 정보를 한 줄로 죽 늘여 쓴다면 백과사전 수십 권 분량이 된다고 하더군.

그런데 재미있는 것은 A, G, T, C 네 종류의 염기가 모여서 만들어 내는 유전의 암호문이 모두 64개라는 사실이야. 64개의 암호문 속에 생명 현상의 아름다운 조화와 신비가 숨어 있는 거지. 그리고 64개의 암호문 가운데는 "여기서 시작해!", "여기서 끝

내!' 하고 명령하는 암호문도 들어 있는데, 이것도 주역의 64괘
와 다르지 않다네.

여기서 만약 누가 "왜 하필 63개나 65개가 아닌 64개의 유전
암호문이 만들어지는 겁니까?" 하고 질문을 던진다면 뭐라고 대
답할 수 있을까? "그건 자연의 법칙이오"라고 할 수 밖에 없는 노
릇이지.

이만하면 64괘가 생물의 종이 나누어지는 법칙을 나타냈다는
것을 짐작할 수 있겠지? 자네가 나중에 64괘 하나하나를 공부해
보면 감탄할 일이 많을 걸세.

학생 정말 놀라운 일이군요. DNA의 구조가 밝혀진 때는 1950
년대인데, 고대인들이 어떻게 그 법칙을 알 수 있었을까요?

백운 과학을 탐구하는 데에는 현미경을 들이대고 눈으로 하나
하나 확인하는 방법도 있지만, 원리를 추론해서 알아내는 방법도
있다네. 고대인들은 뒤의 방법을 쓴 것이라고 보면 되지 않을까?

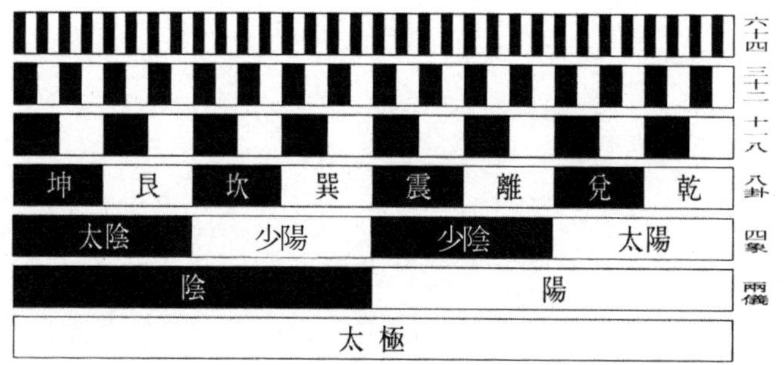

64괘의 생성

학생 선생님. 이제 64괘 하나하나를 설명해 주시지요.

백운 『주역』이라는 책이 바로 64괘를 하나하나 해설한 거라네. 그런데 주역이 어렵다는 것은 문장이 어렵기 때문이 아니라 역易의 근본을 이루는 원리를 파악하기가 힘들기 때문이야.

『주역』의 본문은 해설서들을 참고로 해서 읽으면 어렵지 않게 이해할 수 있을 테니 여기서는 주역의 기본 원리와 일반적으로 어려워하는 문제들에 대해서만 이야기하기로 하세.

9. 하도란 무엇입니까?

학생 하도河圖란 무엇입니까?

백운 글자 그대로 물에서 나온 그림이라는 뜻이네. 전해 오는 말로는 중국 고대에 복희씨伏羲氏라는 성인聖人이 나라를 다스리던 시절, 황하에서 용마龍馬가 나타났다고 하네. 그 용마의 등에 숫자로 이루어진 그림이 그려져 있었다고 하지. 복희씨는 이 그림이 우주의 원리를 상징한 것임을 깨닫고 그 원리를 연구해서 팔괘를 창안했다고 전해지네. 이것이 주역의 기원일세.

하도는 1에서 10까지의 수로 이루어진 열십자十 모양의 방진方陣일세.

학생 선생님께서 전에도 주역은 수리數理·논리論理 철학이라고 말씀하셨지요. 그런데 중국 고대에 수학數學이 발달했을까요?

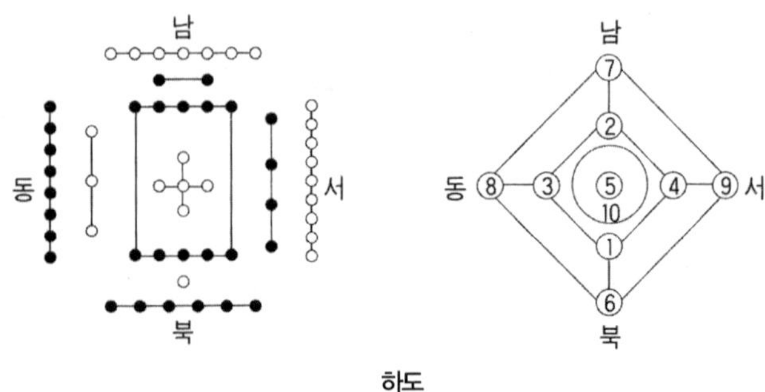

하도

백운 그건 자네가 잘 모르고 하는 말이야. 중국 고대 과학은 놀라운 수준이었어. 『주비산경周髀算經』과 『구장산술九章算術』이라는 수학책에는 이미 피타고라스 정리가 나와 있었고, 해부학과 마취제도 발달했네. 이런 것은 중국 고대 과학이나 수학을 전공하는 사람들에게는 잘 알려진 사실이야.

학생 하도의 수는 무엇을 표시한 것입니까?

백운 하도의 수를 생성수生成數라고 부르네. 생성生成이란 글자 그대로 생명을 이룬다는 뜻이지. 생生과 성成을 나누어 보면, 생生은 생명의 뿌리 · 근본이라는 뜻이고, 성成은 생명의 형상을 이룬다는 뜻이라네. 다시 말해 생은 생명의 씨앗이라는 뜻이고, 성은 생명의 씨앗이 변화해서 형체를 갖춘다는 뜻이지. 그리고 하도에 나오는 자연수自然數 열 개를 크게 생수生數와 성수成數로 나눈다네.

학생 하도의 수는 무엇을 생성하는 수입니까?

백운 만물의 근원인 오행五行을 생성하는 수라네.

학생 생수生數와 성수成數의 구별은 어떻게 합니까?

백운 안쪽에 있는 1, 2, 3, 4와 중앙의 5를 생수生數라고 하고, 바깥쪽의 6, 7, 8, 9와 중앙의 10을 성수成數라고 하네.

학생 그렇게 나누는 이유는 무엇입니까?

백운 하도의 1, 2, 3, 4, 5에 각각 중앙의 수數인 5를 더해 보면 6, 7, 8, 9, 10 이 되지. 이 같이 1, 2, 3, 4, 5 가 중앙의 5를 얻어서 6, 7, 8, 9, 10 이 되는 것은 6, 7, 8, 9, 10 이 1, 2, 3, 4, 5 가 변화해서 이루어진다는 것을 나타내네. 그러므로 1, 2, 3, 4, 5는 6, 7, 8, 9, 10 을 생生한 수이고 6, 7, 8, 9, 10 은 1, 2, 3, 4, 5를 성成한 수라네.

학생 잘 알겠습니다. 그런데 재미있는 것이 있습니다. 생수生數가 양수陽數면 그것의 성수成數는 음수陰數이고, 생수生數가 음수陰數면 그것의 성수成數는 양수陽數인데요. 이것은 무슨 이유일까요?

백운 그것은 음과 양이 서로 바뀌는 원리에 따른 걸세. 모든 사물은 그 생명의 근원이 양이면 형체는 음으로 이루어지고, 생명의 근원이 음이면 형체는 양으로 이루어지지. 그렇기 때문에 모든 사물은 음과 양이라는 두 측면을 동시에 가지고 있는 거라네.

학생 사물이 이루어질 때 생수生數와 성수成數가 어떤 형식으로 나타납니까?

백운 생수와 생수의 이치는 사물의 몸 속에 가장 깊이 들어가 중심을 이루네. 그러므로 겉모습에는 나타나지 않지. 그리고 성수와 성수의 이치는 겉모습을 이루며 드러나는 작용을 하네. 다시 말해 생수가 속이라면 성수는 겉이고, 생수가 형체가 없는 것이라면 성수는 형체가 있는 것이고, 생수가 조용한 것이라면 성수는 활동적인 것이고, 생수가 주인이라면 성수는 손님이라고 할수 있지.

10. 하도의 구성

학생 하도河圖의 중앙에 5와 10이 놓여 있는 이유는 무엇입니까?

백운 생수生數 1, 2, 3, 4, 5 가운데서 마지막 5는 생수의 체體가 되고, 10도 또한 성수成數의 체體가 되네. 마지막에 있는 수를 체수라고 하는 것은 다섯 개의 수 가운데 가장 큰 수이고 또 가장 완성된 수로서, 나머지 네 개의 수를 종합적으로 가지고 있어 종합적인 작용을 담당할 수 있는 수이기 때문일세. 앞에서도 이야기했듯이 체는 한가운데에 숨어 있는 것이라네.

학생 그렇다면 1, 2, 3, 4 와 6, 7, 8, 9 는 5 와 10 에 대해 각각 용수用數가 되겠군요. 그런데 제 생각에는 수의 시작인 1이 체수體數가 될 것 같은데요?

백운 수의 순서로 보면 1이 근본이지만, 미완성과 완성이라는 관계로 볼 때는 5가 체수가 되네. 그런데 하도는 변화를 주관하는 것이므로 1, 2, 3, 4 네 가지 수의 종합적인 변화의 역할을 할 수 있는 5를 체體로 삼는 거지.

학생 좀 어려운데요. 예를 들어 설명해 주실 수 있을까요?

백운 그렇게 하지. 오행五行 가운데 수水의 수數는 1이고 토土의 수는 5라네. 그런데 물과 흙을 비교해 보면, 흙은 완성된 사물로서 물[水]·불[火]·나무[木]·쇠[金]를 모두 가지고 있어 모든 생물을 낳고 기르는 토대가 되지. 이런 뜻에서 5와 10을 체수體數라고 하는 걸세.

5와 10이 하도河圖의 중앙에 놓여 있는 데는 또 다른 뜻도 있네. '가운데'란 바로 생명의 장소라고 볼 수 있지. 그러므로 하도에서도 가운데 5는 하도의 수 전체에 대해 변화의 주인 역할을 하네. 5가 변화의 주인 역할을 한다는 이유는, 5는 음과 양이 배합된 수로서 조화의 이치를 가졌기 때문일세. 다시 말해 5는 음과 양의 정배합正配合으로 이루어졌기 때문에 어느 한쪽에 치우치지 않는 중화中和의 수數라는 뜻이지. 앞에서 자네에게 주역의 수는 철학적으로 관찰해야 한다고 했는데, 이런 경우를 두고 말한 걸세.

학생 5가 음·양이 정배합正配合된 수라는 것이 무슨 말씀입니까?

백운 주역의 수에서는 태극을 1이라고 보고, 2는 음의 원수原數,

3은 양의 원수原數라고 보네. 그러므로 2+3인 5를 음과 양의 원수原數가 합쳐진 수라고 하는 걸세.

학생 1도 양수陽數인데, 왜 3을 양陽의 원수原數라고 하는 걸까요?

백운 홀수 1, 3, 5, 7, 9를 양수라고 하고 짝수 2, 4, 6, 8, 10을 음수라고 하는 것은 겉으로 드러난 순서의 음양을 구별한 것이고, 태극은 1, 음은 2, 양은 3이라고 하는 것은 안에 숨어 있는 음양의 성질에 따라 구별한 걸세. 앞에서 음양의 구별이 그 기준에 따라 달라진다는 말을 한 적이 있는데, 이 경우도 한 예가 될 수 있다고 보네.

숫자의 뜻을 한번 살펴보세. 1은 변화의 작용이 없이 다만 수數의 근원이 될 뿐이네. 1에다 어떤 수를 곱해도 다시 곱하는 수 자신이 되는 것처럼 1은 변화가 생기지 않는 수이기 때문에 태극의 성질과 같다고 보는 걸세. 그리고는 2와 3을 각각 음과 양의 수로 삼은 거지. 음의 수 2가 양의 수 3보다 앞에 오는 것은 전에도 이야기했듯이 모든 사물이 작은 것에서 크게 자라나고, 어두운 것이 점점 밝아지고, 낮은 데서 높은 데로 뻗어 나가는 원리에 따른 거야.

학생 5가 하도河圖의 중앙에 자리잡은 뜻은 알 것 같습니다. 그러면 10은 왜 중앙에 위치한 것일까요?

백운 중앙에도 다시 안과 밖의 구별이 있네. 10은 5에다 5를 더

한 수로서 5의 외곽이라고 할만한 수일세. 이렇게 중앙의 안과 밖에 자리한 5와 10은 각각 양과 음의 성질을 가지고 변화 작용을 하는 것이라네.

또 10은 '공간'이라는 뜻을 가진 수로서 다른 아홉 개의 수 어디든지 관계하지 않는 데가 없네. 공간이 없으면 해와 달이 있을 수 없는 것처럼 하도에서 10은 공간의 역할을 하는 수지. 따라서 10은 공간이고, 5는 그 공간의 중심이라고 할 수 있네.

학생 북쪽에 1과 6, 남쪽에 2와 7, 동쪽에 3과 8, 서쪽에 4와 9가 놓여 있는 이유는 무엇입니까?

백운 그것은 생물이 이루어지는 순서를 표시한 거야. 생물의 근본이 북쪽에서 시작되어 남쪽, 동쪽, 서쪽, 중앙의 순서로 이루어진다는 뜻이지. 그 밖에도 여러 가지 뜻을 가지고 있는데, 그것은 오행五行을 공부하고 나서 생각해 보기로 하세.

11. 다섯 가지 활동적인 성질

학생 선생님께서 하도河圖의 수는 만물의 근원인 오행五行을 생성하는 수라고 하셨지요. 그런데 오행五行은 무엇입니까?

백운 오행론五行論은 자연과 사물의 근본 성질을 다섯 가지로 분류하고, 그 다섯 가지의 관계와 변화에 관한 이론을 세운 것이라네. 다섯 가지란 금金[쇠]·목木[나무]·화火[불]·수水[물]·토土[흙]를 말하고 행行은 움직인다, 변화한다는 뜻이지. 그러므로 오행五行은 자연을 구성하는 다섯 가지 활동적인 성질이라고 할 수 있네.

학생 어떻게 그 다섯 가지 물질이 모든 사물의 근본이 될 수 있습니까?

백운 오행五行은 금金·목木·수水·화火·토土라는 다섯 가지 물질 자체만을 말하는 것이 아닐세. 형체가 없는 것까지 포함한 자연의 원리를 표시하기 위해 다섯 가지 물질을 대표로 내세운 것일 뿐이야. 각각의 성질을 대표할 수 있는 물질을 통해 그 성질을 표시한 거지. 그러므로 오행五行을 볼 때는 각각의 사물이 가진 속성과 현상을 종합적으로 관찰해야 하네.

학생 왜 하필 다섯 종류로 나누었을까요? 사물의 근본을 다섯 가지로 분류한 것은 자의적이지 않을까요?

백운 그렇지 않네. 그것은 자연의 원리를 따른 걸세. 오행五行의 5에는 하도河圖의 중앙에 있는 5의 뜻과 같이 모든 사물의 생성과 변화를 주관하는 수라는 뜻이 있네. 또 1, 2, 3, 4, 5 다섯 가지 수가 수의 기본이 된다는 의미도 가지고 있지.

학생 1, 2, 3, 4, 5 가 수의 기본이 된다니요?

백운 앞에서도 이야기했듯이 하도의 생성수生成數 열 개 가운데서 생수生數 다섯 개는 수의 기본이 되고, 성수成數 다섯 개는 스스로 독립한 수가 아니라 생수生數가 중앙의 5를 얻어 변화한 것에

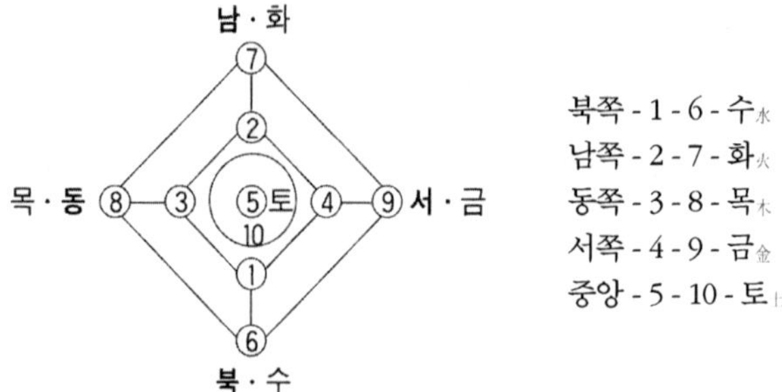

지나지 않네. 다시 말해 생수生數와 성수成數가 서로 안과 밖, 겉과 속이 되어 모두 열 개의 수를 이루지만, 그 기본은 생수生數 다섯 개라는 말이네.

학생 하도河圖를 말씀하실 때 모든 생물이 북쪽, 남쪽, 동쪽, 서쪽, 중앙의 순서로 이루어진다고 하셨지요. 그러면 오행五行이 생겨난 순서도 수水, 화火, 목木, 금金, 토土가 되어야 할 텐데, 왜 금金, 목木, 화火, 수水, 토土라고 말씀하십니까?

백운 오행五行의 순서도 경우에 따라 달라지네. 수水, 화火, 목木, 금金, 토土라고 해야 할 경우도 있고, 금金, 목木, 수水, 화火, 토土라고 해야 할 경우도 있지. 뿐만 아니라 또 다르게 순서를 정해야 할 경우도 있다네.

학생 오행五行의 순서가 두 가지 경우로 나누어지는 것은 겉모습으로 본 순서와 속뜻으로 본 순서, 다시 말해 체體·용用의 구별에 따른 것이겠군요. 그런데 또 다르게 순서를 정해야 할 경우도 있다는 건 무슨 말씀입니까?

백운 체體와 용用은 음과 양이라는 말과 별로 다르지 않네. 음과 양이 사상四象으로 갈라지는 것처럼 체와 용도 다시 체體 속의 체體, 체體 속의 용用, 용用 속의 체體, 용用 속의 용用이라는 네 가지로 나누어지네. 거기에 따라 오행五行의 쓰임새가 달라지고, 쓰임새가 달라짐에 따라 순서도 달라지는 걸세.

학생 그렇게 일정하지 않다면 무엇으로 기준을 삼겠습니까?

백운 끝없이 펼쳐진 우주 삼라만상이 어떻게 하나의 고정된 틀 속에 들어갈 수 있겠나? 그러니 고정된 것을 찾으려 하지 말고 변화의 법칙을 파악해야 하네. 겉모습만 보면 일정한 기준 없이 혼란스러운 것 같지만, 변화의 법칙으로 보면 질서가 잡히는 걸세. 물론 그건 결코 쉬운 일이 아니지. 하지만 열심히 공부하다 보면 다양한 변화의 법칙들이 종합되어 뚜렷한 기준이 체득된다네.

12. 오행의 변화

학생 오행五行의 네 가지 순서에 대해 좀더 자세히 말씀해 주십시오.

백운 자연 현상에 한번 비유해 보세. 비는 위에서 아래로 내리므로 위를 처음, 아래를 끝이라고 할 수 있지. 반대로 수증기는 아래에서 위로 올라가므로 아래가 처음이 되고 위가 끝이 되네. 따라서 비가 내리는 것을 중심으로 할 때는 위에서 아래로 순서를 정해야 하고, 수증기가 증발되는 것을 중심으로 삼을 때는 아래에서 위로 순서를 정해야 하네. 이것과 마찬가지로 오행五行의 순서도 주된 것이 무엇이냐에 따라 달라지는 걸세. 비와 수증기의 비유는 위·아래로 순서를 정하는 것이므로 '상하上下의 체용體用'이라고 부를 수 있겠지.

그럼 바람은 어떨까? 동풍일 때는 동쪽에서 서쪽으로 순서를 정해야 하고, 북풍이면 북쪽에서 남쪽으로 순서를 정해야겠지. 이런 경우를 '좌우左右의 체용體用'이라고 하네.

상하의 체용과 좌우의 체용을 합치면 모두 네 가지 형식이 나오겠지. 이런 원리에 따라 오행五行에서 금金을 시작으로 삼기도 하고, 수水·화火·목木을 각각 시작으로 삼기도 하는 거라네.

학생 오행五行의 쓰임새는 그 네 가지 방법만 알면 됩니까?

백운 그렇지는 않네. 더 복잡한 방법들이 있지만, 네 가지 형식을 잘 이해하고 나면 그 다음 단계는 자연히 알게 되네.

학생 조금만 더 말씀해 주시지요.

백운 네 가지 외에 다시 변하는 것은 오행五行의 순서라기보다는 오행五行의 변화라고 할 수 있는 것인데, 오행五行의 변화는 50가지로 나누어진다고 하지. 오행五行이라는 다섯 가지 성질이 서로 교류하여 변하면 5 × 5 = 25처럼 25가지 형태로 나타나네. 그리고 25가지 형태 각각에도 음·양의 구별이 있으므로 모두 합해서 50가지가 되는 거야.

학생 오행五行이라고 할 때는 쉽게 생각했는데 말씀을 듣고 보니 결코 간단하지가 않군요. 50가지로 변화해 나가는 오행五行의 형태를 좀더 자세히 설명해 주십시오.

백운 오행五行이 50가지 형태로 변모하는 형식을 우리 몸에 비유해서 말해 보겠네.

우리 몸속에는 위쪽에 폐肺와 심心, 가운데에 비脾, 아래쪽에 간肝과 신腎이 있는데, 이 다섯 가지 장기를 오장五臟이라고 하지. 오장五臟인 폐肺, 심心, 비脾, 간肝, 신腎 은 각각 오행五行의 금金, 화火, 토土, 목木, 수水 에 해당하고, 그 성질이나 상호 관계도 오행五行과 일치하네.

그리고 오장五臟과 표리表裏 관계를 이루는 육부[六腑 : 대장, 소장, 위, 담, 방광, 삼초가 있는데, 육부六腑 가운데 삼초三焦*는 형체가 없는 것이므로 눈에 보이는 형태를 이야기할 때는 빼놓아야 하네. 그러므로 실제로는 오부五腑가 되지. 따라서 오장五臟의 표表 · 리裏를 합치면 모두 열 가지 성질이 되네.

또 오장五臟의 기氣는 위쪽으로 뻗어 올라가서 두뇌와 귀, 눈, 입, 코 의 다섯 가지 형태로 나타나고, 좌 · 우 양쪽의 아래 · 위로 뻗어 나가 두 팔과 두 다리로 형태를 바꾸지. 그리고 두 팔과 두 다리가 다시 나누어져 양손가락 열 개와 양발가락 열 개로 나타난다네. 그런데 손가락과 발가락으로 상징된 이 20가지 성질에도 각각 안쪽과 바깥쪽이라는 구별이 있어서 모두 40가지 성질이 되네.

이처럼 우리 몸속의 오장五臟과 겉으로 드러난 팔다리의 성질을 합치면 모두 50이 되는데, 이것이 오행五行이 50가지로 변화하는 한 예일세.

학생 위쪽으로 뻗어 올라가 얼굴에 나타난 오행五行은 또 어떻게 변화합니까?

　백운 그 변화는 또 다른 형식을 따른다네. 왜냐하면 얼굴에 나타난 귀, 눈, 입, 코 와 그것들의 체體인 두뇌는 정신 작용에 속하는 것이기 때문이지. 정신 작용의 변화는 신체의 변화와는 다른 원리를 따르는데, 그것은 우리 대화의 범위를 넘는 문제라네.

*삼초三焦

오장육부五臟六腑의 하나. 다른 오부와는 달리 일정한 부위를 차지하는 형태가 없어서 한의학에서도 삼초의 정체에 대하여 의견이 분분하지만 대략 두 가지로 나누어 설명할 수 있다. 첫째는 부위 개념인데, 여기서의 삼초는 상초·중초·하초를 통칭한다. 상초는 흉곽, 중초는 상복부와 제복부(臍腹部:배꼽부위), 하초는 하복부를 지칭하며 기능은 그 속에 들어 있는 기관인 심폐·소화계·비뇨생식기·대장의 기능을 통괄한다. 둘째는 수분의 고른 산포와 원활한 배설을 맡는 수도기관水道器官으로서 방광이 소변을 잘 걸러낼 수 있도록 화기火氣를 제동하는 기화氣化의 근원으로서의 개념이다.

13. 태극과 오행

학생 오행五行이 50가지로 형태를 바꾼다는 말씀의 뜻을 대략 짐작하겠습니다. 그런데 한 가지 의문이 있습니다. 선생님 말씀은 사람의 몸통이라는 '하나'가 나누어져 50가지로 변화한다는 것인데, 왜 '하나'가 음·양이나 사상으로 나누어지지 않고 50이라는 5의 원리로 구별되는 걸까요?

백운 물론 거기에도 이유가 있지. 사상과 오행은 서로 다른 것이기 때문일세. 사상은 겉모습이 나누어지는 법칙이고, 오행은 내적인 성질이 나누어지는 법칙이네. 50가지로 형태가 변한다는 것은 오행이라는 성질을 가지고 한 말일세.

학생 구별하기가 쉽지 않은데요. 그러면 태극이라는 원리가 사상으로만 뻗어 나간다고 생각해서는 안 되겠군요?

백운 그렇지. 태극은 모든 원리의 근원이야.

학생 하지만 일단 태극이 갈라지고 나면 모습이나 성질이 다 달라지므로 각각 별개의 성질을 가진 독립적인 사물이 되지 않을까요?

백운 다르게 보면 다르지. 그러나 그 변화의 원리를 알고 보면 모두 태극으로 돌아간다네. 다시 말해 태극 자체가 이리저리 구부리고 펴고, 오르고 내려서 천 가지 만 가지 모습으로 바뀌는 것이므로 천태만상千態萬象이 태극과 한 몸이라고 할 수도 있는 거지. 그러나 자네 말처럼 별개의 형체가 이루어지고 또 그것의 독자적인 성질이 정해지고 나면, 서로 같다고만 할 수도 없지. 그러므로 일면적으로 규정하기는 어려운 거라네.

학생 그러면 어떻게 말하는 것이 옳을까요?

백운 태극과 모든 사물이 하나라는 것을 참으로 깨달은 사람이 '같다'고 말하는 것은 옳지만, 그렇지 않은 사람이 '같다'고 말하는 것은 옳다고만 할 수는 없지.

학생 불교佛敎의 '모든 법이 하나로 돌아간다[萬法*歸一]'는 말과 같은 뜻이로군요?

백운 '모든 법이 하나로 돌아간다[萬法歸一]'는 말은 심성心性을 두고 하는 말일세. 마음의 원리와 사물의 원리는 형태가 좀 다르므로 자연히 뜻도 약간 다르지. 하지만 근본 원리에서는 자네의 말이 맞네.

학생 '모든 법이 하나로 돌아간다[萬法歸一]'는 것은 바꾸어 말하면 '하나에서 모든 법이 나왔다'는 뜻이 되지 않습니까?

백운 그렇지. 그러므로 '하나'를 안다는 것은 우주와 인생을 비롯한 삼라만상을 안다는 말과 같은 거야.

학생 우주의 진리가 곧 인생의 진리라는 시각에서 보면, '하나'라는 것이 '나'라는 뜻이 되고, '하나'인 태극도 결국 '나'라는 의미가 될 수 있지 않을까요?

백운 훌륭하네. '나'를 아는 것이 삼라만상을 아는 것이고, 삼라만상을 아는 것이 또한 태극을 아는 것이라네.

학생 '하나'인 태극이 스스로 변화하여 모든 사물을 이루었다는 것과 태극이 인생의 진리라는 의미를 짐작하겠습니다. 그러면 오행이라는 다섯 가지 성질도 한 가지 성질이 변화해서 생겨난 것입니까?

백운 그렇지. 오행도 '하나'인 생명 작용이 나누어진 것일 따름이야.

*만법萬法

모든 현상. 인식된 모든 현상. 의식에 의해 형성된 모든 형상.

14. 오행의 성질

학생 선생님, 이제 금金, 목木, 수水, 화火, 토土 오행五行의 기본적인 성질에 대해 말씀해 주시지요.

백운 오행의 원리란 모든 현상에 다 들어 있는 것이기 때문에 일일이 말하려면 끝이 없네. 그리고 다음에 오행에 대한 이야기를 다시 하게 되니, 여기서는 몇 가지 비유를 드는 것으로 그치겠네.

먼저 오행의 성질을 공간적인 면에 비유해 보지. 위쪽은 화火에 속하고 아래쪽은 수水에 속하며, 오른쪽은 금金에 속하고 왼쪽은 목木에 속하네. 그리고 중간은 토土에 해당하지.

오행의 성질을 시간적인 면에 비유하면 봄은 목木, 여름은 화火, 가을은 금金, 겨울은 수水의 성질을 갖고 있네. 그리고 한 계절에

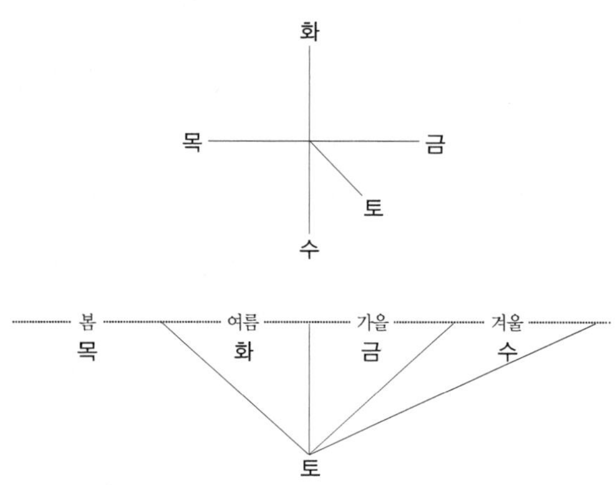

서 다음 계절로 넘어가는 중간 시기는 모두 토±에 속하지.

학생 어떤 현상이나 사물의 오행을 따지는 것이 무척 추상적이고 어려운 일이라는 생각이 드는군요. 좀더 알기 쉽게 오행의 성질을 설명해 주시면 좋겠습니다. 저는 왜 봄의 속성이 목木에 해당하는지도 이해되지 않습니다.

백운 그럴 거야. 오행은 추리와 추상을 통해서만 알 수 있는 것이라네. 내가 좀더 자세히 이야기할 테니 머리 속으로 그 성질과 형상을 그려 가면서 들어 보게.

먼저 목木을 보지. 목木은 봄에 초목의 새싹이 겨울 동안 딱딱하게 굳은 땅을 뚫고 나오는 형상이야. 강한 상승력을 가진 거지.

화火는 불이 활활 타오르는 형상인데, 봄에 싹이 튼 나무가 여름이 되어 무성하게 잎을 드리우는 모습에 비유할 수 있네.

금金은 어떤가? 쇠는 딱딱하고 차가운 속성을 가졌네. 가을이 되면 나무들은 화려했던 잎들을 모두 떨어뜨리고 열매를 여물게 하지. 그리고 봄과 여름 동안 부드럽던 나무의 표면이 딱딱하게 굳어가네. 이것은 이제 외형적인 성장을 멈추고 내면적으로 성숙해지려는 현상일세. 그 동안의 성과를 정리하고 심판하려는 것이지. 그래서 가을의 기운은 서늘한 거야.

수水는 겨울의 얼어붙은 물처럼 모든 것을 간직하고 새봄을 준비하는 형상을 말하네. 화火와는 정반대로 모든 활동적인 것을 흡수하고 저장하는 속성을 가졌지.

토土는 생물을 키우는 대지처럼 모든 것의 원천이며, 양 극단의 중간에 서서 둘을 중재하는 성질을 갖고 있네. 봄과 여름 또는 겨울과 봄의 중간에 속하는 거지.

이런 속성들을 토대로 추리하고 추상해서 사물이나 현상의 오행五行을 판단하는 거라네.

학생 예, 잘 알겠습니다. 오행五行의 성질을 그 밖의 현상들에 비유해서 좀더 자세히 말씀해 주십시오.

백운 기상氣象에 비유하면 비는 수水, 맑게 갠 날씨는 화火, 바람은 목木, 천둥은 금金, 흐린 날씨는 토土에 속하네. 동물에 비유하면 날짐승은 화火, 물고기는 수水, 들짐승은 목木, 갑각류는 금金, 사람은 토土에 속하네. 우리 마음에 비유하면 기뻐하는 것은 화火,

두려워하는 것은 수水, 화내는 것은 목木, 슬퍼하는 것은 금金, 생각하는 것은 토土에 해당하지. 물리적인 성질로 말하면 미는 것은 목木, 당기는 것은 금金, 들어 올리는 것은 화火, 내리누르는 것은 수水, 머물러 있는 것은 토土에 속하지. 마지막으로 동작에 비유하면 나아가는 것은 목木, 물러나는 것은 금金, 흩어지는 것은 화火, 모이는 것은 수水, 멈추는 것은 토土에 해당하네.

학생 선생님 말씀을 듣고 보니 오행의 원리는 자연계의 모습과 흡사한 것 같습니다. 텅 빈 공간에 위 아래로 하늘과 땅이 위치하고, 좌우로 해와 달이 운행하여 사계절이 생기고 추위와 더위가 생기며, 바람, 비, 구름, 천둥을 내어 만물을 탄생시키고 자라게 하는 자연의 섭리를 오행이 나타내고 있다는 생각이 듭니다.

백운 그렇다네. 오행은 자연 그대로의 성질이야. 역易의 원리란 가장 평이平易한 것이지만 그 극단에 이르러서는 천지신명도 피할 수 없는 진리라네.

15. 오행의 상호 관계

학생 오행五行 사이의 관계에 대해 말씀해 주시지요.

백운 오행 각각의 성질은 서로 대립하기도 하고 협조하기도 하네. 서로 협조하고 지원해 주는 관계를 상생相生 관계라고 하고, 서로 억제하고 이기려 하는 관계를 상극相剋 관계라고 부르지.

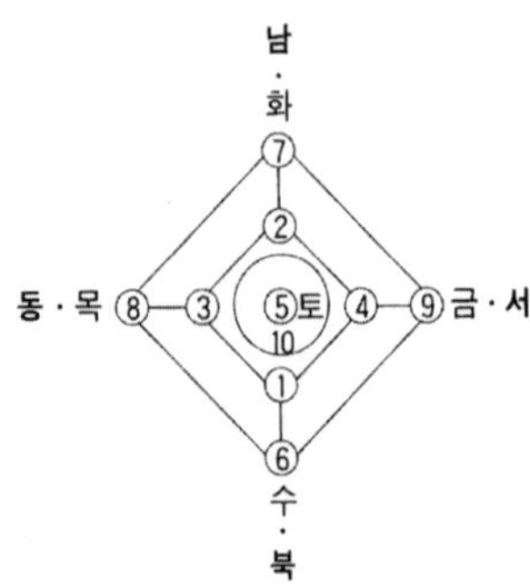

하도河圖에 오행五行을 배치한 그림을 다시 보세. 그림에서 서로 반대 위치에 있는 것은 그 성질도 정반대라서 상극相剋 관계가 되고, 서로 가까이 있는 것끼리는 상생相生 관계가 되네. 수水와 화火, 목木과 금金, 수水와 토土는 서로 대립하는 성질을 가졌고, 수水와 목木, 목木과 화火, 화火와 토土, 토土와 금金, 금金과 수水는 서로 도와주는 관계일세.

그럼 오행五行의 상생相生·상극相剋 관계를 알아보기 쉽게 정리해 보겠네. 여기서 중요한 것은 앞에서 이야기했듯이 오행五行을 단순히 물질로만 생각해서는 그 뜻을 제대로 알기 어렵다는 점일세.

오행五行의 상생相生 관계

- 수생목(水生木) : 수水는 목木을 지원해 준다.
- 목생화(木生火) : 목木은 화火를 지원해 준다.
- 화생토(火生土) : 화火는 토土를 지원해 준다.
- 토생금(土生金) : 토土는 금金을 지원해 준다.
- 금생수(金生水) : 금金은 수水를 지원해 준다.

오행五行의 상극相剋 관계

- 수극화(水剋火) : 수水는 화火를 억제한다.

- 화극금(火剋金) : 화火는 금金을 억제한다.
- 금극목(金剋木) : 금金은 목木을 억제한다.
- 목극토(木剋土) : 목木은 토土를 억제한다.
- 토극수(土剋水) : 토土는 수水를 억제한다.

학생 하도河圖에서 토土는 가운데에 위치하여 동, 서, 남, 북 어느 방향에도 속하지 않을 것 같은데, 왜 다른 오행五行들과 상생相生·상극相剋의 관계를 맺을까요?

백운 하도河圖 중앙의 토土는 만물을 기르는 작용에서 중재자 역할을 하는데, 그것을 방위의 성질에 비유하면 남서쪽이나 북동쪽에 해당하네. 왜냐하면 남서쪽과 북동쪽은 만물의 삶과 죽음을 주관하는 뜻이 있기 때문일세.

학생 왜 남서쪽과 북동쪽에 삶과 죽음을 주관하는 뜻이 있다고 보는 걸까요?

백운 겨울 동안 간직되어 있던 생기生氣의 씨앗이 북동쪽에 해당하는 겨울, 봄의 사이에서 생기生氣로 변하기 때문에 북동쪽을 삶의 시작으로 보네. 그리고 남서쪽은 사기死氣의 방위라고 보는데, 남서쪽에 해당하는 시절이 여름, 가을 사이이기 때문이야. 이 시기에 이르면 식물이 결실을 맺기 시작하는 동시에 가지와 잎은 차츰 생기生氣를 잃지. 그러므로 식물에서는 그 시기가 죽음의 시작이 되는 걸세.

이처럼 만물의 생명을 주관하는 '가운데 5'의 원기元氣가 남서쪽과 북동쪽에 가장 크게 작용한다는 의미로 토土를 이 두 방위의 뜻으로 삼는 거라네. 이런 이야기는 나타난 형상이 없이 뜻으로만 해석하는 것이라서 말로는 다하지 못하는 직관적인 의미가 있네. 그러니 자네 스스로 더 연구해서 마음으로 깨닫기 바라네.

학생 한 가지 궁금한 점이 있습니다. 왜 삶과 죽음이 동, 서, 남, 북 정방위正方位에서 시작되지 않고 남서·북동 같은 간방間方에서 시작되는 것일까요?

백운 그것은 모든 원리나 생물의 생명의 장소가 그것의 중심에 해당한다는 뜻과 같네. 중中이라는 말은 '작용을 멈춘 상태', 다시 말해 대립적인 상태가 아니라 두 가지가 중화中和를 이룬 상태를 뜻하지. 중中은 태극太極처럼 변화의 시발점이라고 할 수 있어. 이런 뜻으로 방위에서는 중간적인 자리를 삶과 죽음의 시초로 삼는 걸세.

학생 앞에서 오행은 수의 원리로 작용한다고 하셨지요. 오행은 각각 생수生數와 성수成數를 가지고 있는데, 어떤 수를 표준으로 삼아야 합니까?

백운 그것은 오행五行의 겉으로 드러난 성질의 측면으로 보느냐, 내면적 성질의 측면으로 보느냐에 따라 달라지네. 겉으로 드러난 성질의 측면으로 볼 때는 성수成數를 기준으로 삼고, 내면적 성질로 볼 때는 생수生數를 기준으로 삼네.

여기서 겉으로 드러난 성질이란 강하다, 약하다 또는 습하다, 건조하다와 같이 우리가 감각으로 느낄 수 있는 성질을 말하고, 내면적 성질이란 움직인다, 고요하다 또는 탁 트여 있다, 막혔다 와 같이 눈에 보이지 않고 손으로 만질 수도 없는 성질을 말하네.

학생 오행의 성질을 파악하는 것도 어려운데 그것을 또 겉으로 드러난 성질과 내면적 성질로 나눈다니, 너무 복잡하고 추상적이 어서 알아듣기 어렵습니다. 예를 들어서 좀더 설명해 주시지요.

백운 오행의 성질을 확연하게 구별한다는 것은 매우 어려운 일 이지. 내가 좀더 이야기할 테니 잘 생각해 보게. 먼저 목木과 금金 을 보지.

겉으로 드러난 성질로 보면 목木은 부드럽고 금金은 강하네. 그 러므로 목木의 성수成數는 8이라는 음수陰數이고, 금金의 성수成數는 양수陽數인 9일세. 그런데 반대로 움직임과 고요함이라는 내면적 성질로 보면 목木은 나무처럼 곧게 자라나는 성질이 있으므로 앞 으로 나아간다는 뜻을 가졌고, 금金은 구부러지는 성질이 있으므 로 뒤로 끌어당긴다는 뜻이 있다고 보네. 그래서 목木의 생수生數 는 양수陽數 3이고, 금金의 생수生數는 음수陰數 4인 거야.

이제 다시 거꾸로 생각해 보면 겉으로 드러난 성질과 내면적 성질의 관계를 짐작할 수 있을 걸세. 목木은 죽죽 자라나는 내면 적 성질이 있으므로 물질적으로는 부드러운 성질을 가져야만 하 고, 뒤로 끌어당기는 내면적 성질을 가진 금金은 강한 재질을 가

질 수밖에 없는 것이네.

다음엔 수水와 화火를 가지고 말해 보지. 수水는 겉으로 드러난 성질이 습濕하므로 6이라는 음수陰數의 성수成數를 가졌네. 그런데 수水의 내면적 성질은 '투명하다'는 걸세. 투명하다는 것은 막힌 데 없이 확 뚫린 양陽의 성질이므로 수水의 생수生數는 양수陽數 1이 네.

화火는 겉으로 드러난 성질이 건조한데, 건조한 것은 양陽의 성질이므로 양수陽數 7을 성수成數로 가졌지. 그리고 화火에는 내면적으로 숨이 탁 막히는 것 같은 성질이 있네. 그래서 우리 몸속에 열이 많으면 정신精神이 탁해지고 어지럼증을 느끼는 거야. 반대로 물은 시원하고 맑은 성질이 있지. 이런 이유로 화火의 생수生數는 음수陰數 2로 된 것일세.

16. 낙서의 유래

학생 주역에서는 하도의 짝으로 낙서洛書를 이야기합니다. 낙서에 대해 말씀해 주시지요.

백운 약 5000년 전 중국 하夏나라의 우禹 임금 때에 낙수洛水라는 물에서 신비한 거북이가 나타났다고 하네. 그 거북이의 등에 그림이 새겨져 있었는데, 우禹 임금이 그것을 보고 연구한 것이 낙서洛書의 시작이라고 하지.

학생 엉뚱한 이야기 같습니다만, 하도河圖와 낙서洛書가 모두 물 속에서 나왔다는 것이 재미있는데요. 여기에도 어떤 뜻이 있을까요?

백운 난들 어떻게 알겠나? 신비에 속하는 일인걸.

학생 논리적인 설명이 아니더라도 그저 선생님의 생각을 듣고 싶습니다.

백운 그러면 오행五行의 원리를 가지고 재미삼아 이야기해 보지. 물[水]은 그 성질로 볼 때 모든 생명의 시작이라고 할 수 있는데, 이것이 하도와 낙서가 물에서 나온 이유라고 할 수 있네.

하도에서도 모든 생명이 수水의 방위인 북쪽에서 시작된다고 했는데, '수 - 북쪽'을 생명의 시작으로 보는 것은 물이 모든 생물을 낳고 기르는 일에서나 생물의 형체를 구성하는 데에서 근본이 되기 때문일세. 그리고 물의 성질은 맑고 투명하여 막힘없이 통하므로 영명[靈明 : 영적으로 밝음]의 표상이라고 할 수 있네. 이것도 하도와 낙서가 물에서 나온 이유 가운데 하나라고 할 수 있겠지.

전해 오는 이야기로는 하도와 낙서가 수령국水靈國인 용궁龍宮에서 나왔다고 하네. 그리고 주역에서도 양의 성질을 용龍으로 대표하고 있지. 이것은 그저 웃어넘길 일만은 아닌 것 같네.

학생 옛날이야기에 용궁龍宮이 많이 등장하는 데에도 무슨 이유가 있을까요?

백운 하긴 하도河圖, 낙서洛書도 옛날이야기 같은 거지. 옛부터 전해 내려오는 용궁龍宮이니 천궁天宮이니 하는 말은 형체가 없는 정신精神 세계를 가리키는 것이라고 보아야 하네. 우리 눈에 보이는 현상 세계를 대체로 세 가지로 나누어 볼 수 있는 것처럼 정신精神 세계에도 여러 단계가 있다고 할 수 있네.

학생 세 가지 현상 세계란 무엇을 말씀하시는 겁니까?

백운 그건 별다른 말이 아니야. 지금 우리가 보는 세계도 육상 세계, 물 속 세계, 허공 세계로 나누어 볼 수 있지. 땅 위에는 사람을 비롯한 생물이 육지를 기본으로 한 형상과 성질을 가지고 생겨나서 세계를 건설하여 살아가고, 육지의 세 배나 되는 드넓은 물 속에는 수중 생활에 맞는 정신과 형체를 가진 동식물이 자신들의 삶에 이로운 생활 방식으로 살아가고 있네. 또 허공에는 새들이 또 하나의 삶의 세계를 이루고 있지.

사람의 지능이 아무리 뛰어나다고 해도 수중 생물이나 날짐승의 특출한 능력을 모두 갖출 수는 없지 않은가? 이런 뜻에서 현상 세계를 셋으로 나눌 수 있다고 한 걸세.

학생 예. 이해할 수 있습니다. 그런데 정신 세계라는 별도의 세계가 정말 있을까요?

백운 자네가 정신 세계가 정말 있을까 하고 의심하는 것은 정신 세계를 보지도 듣지도 못했기 때문이겠지. 하지만 사람의 눈과 귀로 보고 듣지 못하는 것이 얼마나 많은가? 곤충들이 보는 자외선을 사람은 보지 못하지. 자네의 행동을 주관하는 마음이 눈에 보이던가?

나는 현상을 보고 그 현상의 근본이 있을 것이라고 판단하는 걸세. 내가 있는 것을 보아 나의 대상이 있는 것을 아는 거지. 눈에 보이지 않는 세계는 논리적인 추론과 직관直觀으로 스스로 깨닫지 않으면 믿기 어려운 것이라네.

학생 선생님의 뜻을 잘 알겠습니다. 그런데 정신 세계가 있다면 그 세계와 사람의 마음이 서로 통할 수 있을 것도 같은데요. 왜 그러지 못하는 것일까요?

백운 그건 서로 염파念波가 다르기 때문일세.

학생 염파念波라니요?

백운 염파念波란 쉽게 말해 주파수 같은 거야. 정신 세계와 사람의 마음은 주파수가 다르다는 말이네. 그런데 간혹 정신 세계[靈界]와 주파수가 통해서 영적인 능력을 발휘하는 사람들이 있지. 그런 능력을 영감靈感이라고 하네. 영靈이란 이성理性과 함께 정신精神이라는 동전의 앞뒷면을 이루는 것인데, 영靈의 성질은 물의 성질과 같아서 이론의 도움 없이도 직접 통해서 알 수 있는 거라네.

학생 그러면 어느 세계나 영靈은 다 같겠군요?

백운 그렇지. 영靈은 1이고 이치는 2일세.

학생 영적인 능력을 발휘하는 사람들 가운데는 여자가 많은데, 거기에도 어떤 이유가 있습니까?

백운 그것은 여자가 남자보다 영좌[靈座 : 영의 자리]가 맑기 때문이야. 여자는 달의 정기精氣를 많이 가지고 태어나고, 남자는 해의 정기精氣를 많이 가지고 태어나지. 달은 물의 성질을 가졌으므로 영명靈明하고, 해는 불의 성질이므로 광명光明하네. 영명은 무심히 직관直觀으로 아는 것이고, 광명光明은 이치를 통해 아는 걸세. 그래서 여자는 영좌靈座가 맑고, 남자는 이지理智가 밝은 거라네.

학생 그런데 선생님, 영적인 능력을 가지고 하는 말이 맞기도 하지만 틀리는 경우도 많은데 그건 왜 그렇습니까?

백운 영靈도 순수하게 나타날 때가 있고 잡념雜念과 뒤섞여 불순하게 나타나는 경우도 있네. 또 마치 라디오가 고장나는 것처럼 그 사람의 생리적인 상태에 따라 맞지 않는 경우도 있지. 그러니 그런 말들을 다 믿으면 허망한 데로 빠지기 쉽다네.

이제 이 이야기는 그만 하세. 일시적으로 나타나는 신비한 현상보다는 항상된 진리를 공부하는 것이 중요하지 않겠나?

17. 하도와 낙서

학생 낙서洛書는 수數의 배치가 하도河圖와는 판이하군요.

백운 그래. 아주 달라 보이지. 그러나 원리는 서로 같은 걸세.
마치 태극이 갈라져서 음·양이 되듯이 하도河圖와 낙서洛書도 한

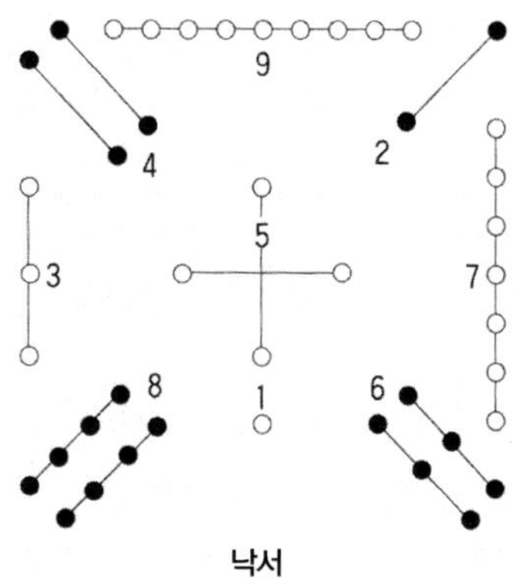

낙서

원리의 양 측면이 표시된 것이라네.

낙서는 공간적인 면을 말한 것이고, 하도는 시간적인 면을 말한 것이네. 낙서가 지세地勢라면 하도는 기후라고 할 수 있고, 낙서가 사상四象이라면 하도는 오행五行이고, 낙서가 겉모습이라면 하도는 속마음이라고 보면 되네.

학생 그러면 하도와 낙서는 서로 체體와 용用이 되는군요?

백운 그렇지. 자연의 이치든 하나의 생물이든 모두 하도河圖 · 낙서洛書의 이치를 갖추고 있으며, 그 가운데 하나는 체體가 되고 다른 하나는 용用이 되어 생명을 유지하는 것이라네.

학생 낙서의 중앙에는 하도와 달리 5만 있군요. 왜 10은 없을까요?

백운 그것은 말로 표현하기가 좀 어려운데, 굳이 말하자면 이렇네. 10은 0[空] 과 같은 수라서 사물의 형상에는 그 징조가 잘 나타나지 않지. 하도는 사물의 형상을 말하는 것이 아니라 모든 사물이 생성 · 변화하는 법칙을 표시한 것이므로 10을 나타냈지만, 낙서는 형태가 이루어진 사물의 모습을 표시하기 때문에 형상이 없는 수數인 10은 드러나지 않는 거야. 변화 작용에는 0이 필요하지만 이미 이루어진 사물에서는 0을 말할 필요가 없기 때문이지.

학생 하도는 남쪽에 ' 2 - 7 - 화火'가 있고 서쪽에 '4 - 9 - 금金'이 있는 데 반해 낙서는 서쪽에 '2 - 7 - 화火'가 있고 남쪽에 '4 - 9 - 금金'이 있군요. 이 점에 대해 말씀해 주십시오.

백운 거기에는 깊은 뜻이 숨어 있네. 우주의 삼라만상은 본래 하나의 원리에서 비롯된 것이지만, '하나' 라는 원리가 음·양이나 사상으로 나누어지고 변화하지 않고서는 한 형상을 이룰 수 없지. 따라서 하나라는 원리는 자연히 여러 가지로 모습을 바꾸고 거기에 따라 만들어진 현상도 여러 가지로 변형된 이치를 갖게 되네.

하도와 낙서도 태극이라는 한 원리가 변형되어 양 측면으로 나타나는 법칙을 표시한 것이지. 그러므로 하도와 낙서는 모두 태극의 이치이면서도 자연의 법칙에 따라 판이한 형식으로 구성된 걸세. 그런데 자연 현상이 갖가지 모습으로 나타나는 데는 일정한 법칙이 있네. 바로 그 법칙은 하도의 '2-7-화火' 자리에 낙서의 '4-9-금金'이 오는 것과 같은 형식을 가졌다는 걸세.

그러면 이처럼 오행의 자리가 바뀌는 원리는 무엇인가 하는 점이 문제인데, 그 점은 말로 표현하기가 어렵다네.

학생 비유를 통해서라도 좀더 말씀해 주시지요.

백운 하도는 사계절의 기후가 지상의 방위에 대응하여 만물을 생성하는 작용성을 표시한 것이라서 사계절이나 네 방위에 비유할 수 있네. 하지만 낙서는 완성된 한 사물의 겉모습을 표시한 것이므로 동, 서, 남, 북이나 봄, 여름, 가을, 겨울로만 생각해서는 안 되네.

하나의 생물을 생각해 보세. 생물의 형체에는 상, 하, 좌, 우나

전, 후, 표, 리의 구별이 있지. 마찬가지로 낙서도 상, 하, 좌, 우 나 전, 후, 표, 리로 보아야 하네. 그런데 여기서 잊어서는 안 될 것이 하도와 낙서가 서로 체體, 용用이 된다는 점이야. 사계절은 하나의 작용성을 말하는 것이므로 용用이 되고, 상, 하, 좌, 우는 하나의 형상을 표시한 것이므로 체體가 되지. 이처럼 하도와 낙서도 체體, 용用의 관계가 있는데, 본래 체와 용은 서로 각도가 다르네. 마치 휘발유의 체는 물인데, 그 용은 불이 되는 것처럼 말일세.

이 같은 이치는 오행의 하나하나에도 갖추어져 있네. 앞에서 오행의 각각에도 겉모습과 속뜻이라는 양면이 있다고 한 것이 이 점을 말한 걸세. 그러므로 오행으로 어떤 현상의 겉모습을 표시 할 때는 오행을 겉모습으로 배치해야 하고, 성질을 표시할 때는 오행을 속뜻으로 배치해야 하지. 오행의 겉모습이란 바로 사상四 象이고, 사상의 속뜻이 오행일세.

학생 낙서는 오행의 겉모습이고 하도는 오행의 속뜻이며, 낙서 는 사상의 형상이고 하도는 사상의 활용이라고 보면 됩니까?

백운 맞아. 바로 그 이야기일세. 그러므로 낙서는 상·하·좌· 우, 전·후·표·리라는 여덟 가지 측면으로 나누어 관찰해야 하네.

학생 낙서에서 어디가 위이고 어디가 아래입니까?

백운 '9 - 금金'이 위이고 '8 - 목木'이 아래이며, '7 - 화火'가 위이고 '6 - 수水'가 아래라네.

학생 겉과 속은 어떻게 구별하나요?

백운 금金은 겉이고 화火는 속이며, 목木은 겉이고 수水는 속일세.

학생 네. 그러면 윗부분의 겉[上-表]은 금金, 윗부분의 속[上-裏]은 화火, 아래 부분의 겉[下-表]은 목木, 아래 부분의 속[下-裏]은 수水가 되겠군요.

백운 그렇지. 금金과 화火가 '겉 - 속'을 이루고, 목木과 수水가 '겉 - 속'을 이루지. 그리고 금金과 화火는 위, 목木과 수水는 아래가 되네.

18. 낙서의 구성

학생 낙서洛書의 사정방四正方에는 양수陽數만 배치되고, 사간방四間方에는 음수陰數만 배치되어 있는데 이것은 무슨 뜻입니까?

백운 잘 보았네. 그것은 낙서 안에도 또 음·양의 양면적인 이치가 있다는 것을 표시한 걸세. 여기서 음이란 사람의 몸으로 말하면 앞면이라는 말과 같고, 양이란 인체의 뒷면이란 말과 같네. 다시 말해 낙서의 사간방四間方은 인체의 앞면을 표시한 것이고, 사정방四正方은 인체의 뒷면을 표시한 것이라네.

학생 사정방四正方은 양陽인데 왜 앞면이 아니라 뒷면이 될까요?

백운 뒷면이 앞면의 근본이기 때문이지.

학생 제 생각에는 그 반대일 것 같습니다.

백운 그것은 모든 사물과 현상은 간단한 것으로부터 복잡한 것

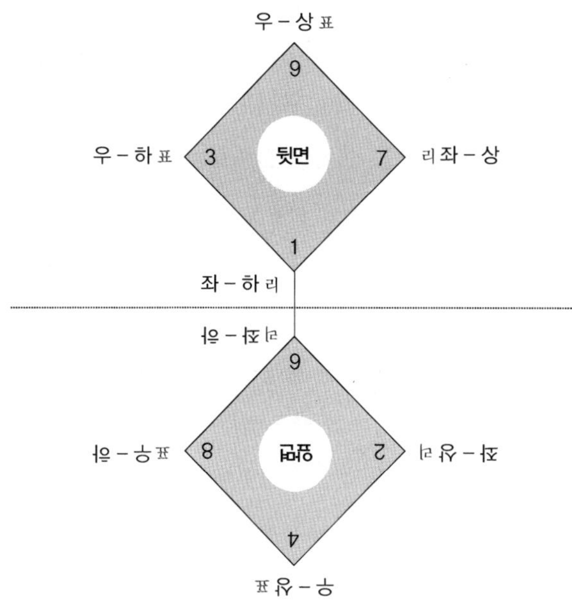

이 생기고, 고요함에서 움직임이 생기고, 어두운 데서 밝은 것이 생기는 것과 같은 이치일세. 이것이 바로 북쪽이 남쪽의 근본이라는 이치와 같지.

이제 낙서가 음·양 양면으로 이루어졌다는 것을 그림으로 표시해 보겠네.

학생 그림의 앞·뒷면을 접어 보면 4와 9, 3과 8, 2와 7, 1과 6이 겹치는군요. 그리고 위에 있는 9와 아래의 1을 더하면 10이 되고, 왼쪽의 3과 오른쪽의 7을 더해도 10이 됩니다. 이렇게 반대편의 수를 서로 더하면 10이 되는 데에도 어떤 뜻이 있습니까?

백운 그것은 상·하의 상대나 좌·우의 상대가 서로 여의지 못하게 연결되어 있다는 뜻이고, 또 시작과 끝이 연결되어 하나의 고리 모양으로 되었다는 의미가 표시된 걸세. 10이라는 수에는 동그랗게 이어진 고리라는 뜻이 있지.

학생 그러면 낙서가 지구와 같은 구체球體를 의미한 것이라고 볼 수도 있겠군요.

백운 그렇네. 낙서에는 구체球體라는 뜻이 표시되어 있네.

학생 그런데 왜 앞에서는 낙서를 사각형 같은 것이라고 하셨나요?

백운 앞에서 말한 것은 낙서의 겉으로 드러난 수의 배치를 물체의 형상에 비유한 것이고, 낙서에 구체球體라는 뜻이 표시되어 있다는 것은 속뜻으로 이야기하는 걸세. 비유하자면 겉모습이 모난 생물이라 해도 그 생물의 몸속에서는 원형적圓形的인 생리 운동이 일어나는 것과 같은 이치지. 이처럼 낙서에도 여러 측면의 이치가 표시되어 있으므로 다각적으로 그 뜻을 취해야 하네.

학생 낙서의 수를 모두 더하면 45가 되는데, 45라는 수는 어떤 뜻을 가졌습니까?

백운 45는 원圓의 각도인 360도度의 8분의 1에 해당하는데, 이것은 낙서洛書 그림의 8각 가운데 1각의 각도 수라네.

학생 네. 그렇군요. 그리고 상대 방위에 있는 두 개의 수와 중앙의 5를 더하면 각각 15가 되는데요?

백운 그것은 1년 24절기에서 한 절기의 날수에 해당하지. 한 절기는 15일로 이루어지는데, 15는 변화의 한 마디를 가리키는 수일세. 시간은 형체가 없으므로 흐름과 변화가 눈에 보이지는 않지만, 1년에 365일이 있는 것처럼 1년 가운데는 24절기라는 마치 식물의 마디와도 같은 것이 있다네. 그 절기에 따라 기후나 모든 생물에 변화가 일어나는 거지.

학생 낙서의 수도 천체의 운행 원리나 생물의 구성 원리와 같은 것이라는 생각이 듭니다.

19. 낙서의 수와 사상

학생 낙서를 사상으로 관찰해야 한다고 하셨는데, 낙서의 수를 사상에다 어떻게 배치해야 합니까?

백운 다음 표를 보게.

학생 '양陽'과 '강剛', '음陰'과 '유柔'는 어떻게 다릅니까?

백운 양陽과 음陰은 형체가 없는 이치를 표시한 것이고, 강剛과

유柔는 형체를 갖춘 물질의 성질을 표시한 거라네.

학생 1과 9를 같은 줄에 놓은 이유는 무엇입니까?

백운 시작과 끝이 같다는 뜻일세. 양의 시작은 태양太陽 1이고, 음의 끝은 태강太剛 9지. 그러므로 1과 9는 음·양의 시작과 끝이 되는 걸세.

학생 1, 2, 3, 4를 양이라고 하고 6, 7, 8, 9를 음이라고 한 이유는 무엇입니까?

백운 그것은 1부터 10까지 열 개의 수 전체를 음과 양으로 구별한 걸세. 자연에 빗대어 말하면 1, 2, 3, 4가 하늘의 사상四象이라면 6, 7, 8, 9는 땅의 사상이지. 이처럼 양 가운데도 음·양과 사상이 있고, 음 가운데도 음·양과 사상이 있네.

학생 지금 말씀하신 음·양 구별법과 1, 3, 5, 7, 9를 양이라 하고 2, 4, 6, 8, 10을 음이라고 하는 구별법은 어떤 차이가 있습니까?

백운 앞의 방법은 내적으로 음·양을 구별하는 것이고, 뒤의 방법은 외적으로 구별하는 거야. 앞의 것이 운동의 수라면, 뒤의 것은 형상의 수라네.

학생 낙서를 앞면과 뒷면으로 나눌 때 앞면은 모두 음수로 되고, 뒷면은 모두 양수로 된 것과 같은 원리입니까?

백운 맞아. 같은 이치일세. 그 뿐 아니라 하도河圖는 1, 2, 3, 4, 5를 양이라고 하는 형식으로 되어 있고, 낙서는 1, 3, 5, 7, 9를 양이라고 하는 형식으로 되어 있다네.

학생 그러면 낙서의 중앙에 있는 5는 어떤 역할을 합니까?

백운 중앙의 수 5는 상, 하, 좌, 우에 있는 수들의 중심으로서 표表, 리裏를 서로 반응하게 함으로써 변화의 한 방식을 이룬다네.

학생 변화의 방식이라니요?

백운 좀 어려운 이야기지. 낙서의 수의 순서를 방위에 대응시켜 관찰해 보면 대략 삼각형 모양의 형식으로 되어 있는데, 삼각형 모양으로 되는 그것이 한 변화의 방식일세. 삼각형은 곧 '세 차례의 변화의 형식'이라는 말과 같지. 만물이 생성될 때 3단계로 변화하는 것과 같은 변화의 법칙을 말하는 거라네.

학생 앞에서는 하도가 만물이 생성되는 법칙을 나타냈다고 하셨는데, 낙서도 마찬가지라는 말씀인가요?

백운 하도는 모든 사물이 생성·변화하는 원리의 속뜻을 표시한 것인 데 대해, 낙서는 그 작용의 외적인 법칙을 형용한 것이라네.

학생 네. 알겠습니다. 보통 낙서를 구궁법九宮法이라고 하는데, '구궁九宮'이 무슨 뜻입니까?

백운 낙서의 여덟 방위와 중앙을 합쳐서 구궁九宮이라고 부른다네. 그런데 구궁九宮은 팔괘八卦와 대비해서 하는 말일세.

학생 구궁九宮과 팔괘는 어떻게 다릅니까?

백운 구궁은 팔괘의 작용성이고, 팔괘는 구궁의 형체일세. 팔괘가 중심을 얻으면 구궁이 되어 작용하고, 구궁이 중심을 잃으면 작용이 아닌 형체가 되지. 이처럼 팔괘와 구궁은 서로 체體·용用 관계가 있네.

학생 그러면 구궁의 법칙은 삼각형의 형식으로 작용하고, 팔괘 형상은 사각형의 형식으로 이루어진다고 할 수 있습니까?

백운 맞네. 하나가 삼각이면 다른 하나는 사각이 되지. 그런데 삼각과 사각이 서로 만나면 3×4 =12 가 되어 12종류의 변화가 생기고, 8과 9가 서로 만나면 72종류의 변화를 일으키네.

학생 그것이 혹시 1년에 12개월이 있는 이치와 같은 것 아닙니까?

백운 그렇다고 할 수 있지. 1년에는 봄, 여름, 가을, 겨울 사계절이 있고 한 계절은 3개월인데, 이것도 3과 4가 서로 만나는 이치와 같네.

학생 72라는 숫자는 어디에 해당합니까?

백운 5일을 1후候라 하여 1년에 72후候가 있는 것과 같네. 여기서 '후候'란 절기의 작은 마디라는 뜻일세.

학생 왜 5일을 작은 마디의 단위로 봅니까?

백운 5는 오행五行이라고 할 때의 5처럼 변화의 기본수이기 때문이지.

학생 그러면 실제로 5일 단위마다 기후에 어떤 징조가 나타납니까?

백운 물론이지. 그러나 주의 깊게 관찰하지 않으면 알 수가 없
네. 그리고 '5일 - 1후候'만이 아니라 1후候가 세 차례 변하는 '15
일 - 1절기'에도 기후에 징조가 나타나지. 또 기후만이 아니라 모
든 사물과 일에서도 마찬가지일세.

20. 사람의 미래는 정해져 있는가

학생 낙서洛書의 삼각三角·구궁九宮의 원리를 좀더 구체적으로 말씀해 주시지요.

백운 사람에 비유해서 이야기해 보세. 앞에서도 말했지만 사람의 손가락과 발가락이 각각 세 마디로 이루어진 것과 사람 몸이 9 단계로 형성된 것도 삼각三角·구궁九宮의 이치가 변형되어 나타난 걸세. 형체만 그런 것이 아니라 사람의 생리生理 작용이나 정신精神 작용, 그리고 꿈도 삼각형의 형식으로 작용한다네.

학생 꿈도 삼각형의 형식으로 작용한다는 점을 알기 쉽게 말씀해 주시지요.

백운 꿈이라는 세계를 확연하게 증명하기는 어렵네. 그저 대략만 말해 보지. 꿈속에서는 흔히 '나'라는 주인공이 있고, 나의 상대로 한 사람이 나타나며, 그 사람 아닌 제삼자가 또 나타나서 서로 말하거나 뜻을 나누는 일이 있지. 이것도 우리 정신이 삼각형 형식으로 작용하는 한 현상일세.

학생 그러면 꿈에 돌아가신 부모님이 보이는 것도 자기 정신의 작용이라고 할 수 있을까요?

백운 물론 그렇지. 자기 마음속에 부모에 대한 생각이 있으면 그것이 꿈속에 부모의 형상으로 나타나지.

학생 꿈은 모두 자기의 정신精神 작용이겠군요?

백운 그렇게 일면적으로만 생각해서는 안 되네. 나의 대상인 다른 정신의 염력念力이 파급되어 내 꿈속에 나타나는 경우도 있으니까. 무엇이든 일면적으로만 규정할 수는 없는 것이라네. 이야기가 샛길로 빠진 것 같은데?

학생 네. 사람들은 낙서洛書의 구궁법九宮法을 잘 이용하면 여러 가지 조화를 부릴 수 있다고들 하는데, 그런 조화가 실제로 가능합니까?

백운 그런 말은 세상 사람들이 미혹에 빠져서 하는 말이니 믿어서는 안 되네. 조화니 술수니 하는 것은 대개 귀신 놀음일 뿐이야.

학생 낙서의 구궁법에는 조화라고 할 만한 신묘神妙한 작용이 전혀 없다는 말씀입니까?

백운 낙서가 본래 지극한 이치에서 나온 것이니만큼 그 이치의 극치에 이르면 보통 사람으로서는 알기 어려운 신비한 작용이 전혀 없다고야 할 수 있겠는가? 그러나 그것은 나도 다 알지 못하는 일이고 또 자네는 아직 그런 일을 생각할 때가 아니야. 그런 작용도 진리의 극치에서 나오는 것이므로 진리를 공부하는 것이 우선일세.

학생 선생님 말씀을 잘 알겠습니다. 하지만 저는 당장 그것을 알려고 하는 것이 아니라 '과연 그럴 수 있을까? 하는 의문을 풀고 싶을 뿐입니다.

백운 정 그렇다면 조금 더 이야기해 보겠네. 우리는 흔히 자기의 뜻대로 살고 있다고 여기고 또 자기 뜻대로 살 수 있다고 생각하지. 그러나 그건 우리의 감정적인 생각일 뿐이고, 우리는 사실 자연 법칙의 지배를 받으며 자연에 의거해서 생존하는 걸세. 아무리 능력이 뛰어난 사람이라 해도 당장 태양이 빛을 거두면 살 수 없지 않은가. 그러므로 우리는 자연의 원리를 파악하고 그 법칙을 이용해서 살아가야만 하네.

자연의 법칙이란 바로 음양陰陽의 원리지. 그러므로 음양 원리의 극치를 파악하면 자연계의 움직임을 알게 되고, 그 움직임에 따라 흔들리는 생물의 이해利害를 자연히 알게 되는 걸세.

우리는 자신도 모르게 자연의 법칙으로 일어나는 보이지 않는 조화의 힘에 따라 사는 거라네. 사람의 마음도 바람 앞의 파도처럼 자연의 힘이 움직이는 대로 움직이지. 그것이 사상思想의 조류가 되고 정치나 문화의 형태마저 결정해 버린다네.

이처럼 자연과 인간은 결코 여읠 수 없는 한 몸이 되어 움직이는 것이어서, 우리는 터럭만큼도 자연의 법칙을 어기지 못하네. 그러므로 우리가 하도河圖나 낙서洛書에 숨겨진 자연의 법칙을 깨달아 얻는다면, 우리 미래의 일도 알 수 있을 테고 그 원리를 이용해 인간의 복리福利를 증진시킬 수도 있을 걸세.

학생 사람의 미래가 미리 정해져 있다는 말씀은 좀 믿기 어렵습니다. 좀더 자세히 말씀해 주십시오.

백운 사람의 마음도 어떤 규범 안에서 움직이고 따라서 사람의 미래도 자기도 모르게 이미 정해진 어떤 범위 안으로 귀속된다는 뜻일세. 다시 말해, 자기도 모르게 어떤 일을 하고 있는 그 이면을 말하는 것인데, 그것이 일정한 법칙에 따라 움직이고 또 그 법칙에 귀결된다는 의미일세.

21. 사상과 오행의 관계

학생 사상四象과 오행五行에 대해서는 이미 공부했지만, 아직 확실히 이해하지는 못했습니다. 다시 한 번 사상四象과 오행五行의 관계와 차이점에 대해서 말씀해 주셨으면 합니다.

백운 먼저 사상, 오행이라는 말뜻부터 정확히 알아야 하네. 앞에서도 말했듯이 사상이라고 할 때의 4는 마치 사각형처럼 규격이 확실하고 움직이지 않는 성질을 뜻하네. 상象자도 사물의 형상이라는 말처럼 고정되어 있다는 뜻이 있지. 결국 사상四象이란 4면이 구비된 움직이지 않는 물체와 같은 형상을 의미하네.

오행五行의 5는 4와는 반대로 원형, 즉 변동이라는 뜻을 가졌고, 행行자는 상象자와 반대로 형체가 없이 변하는 성질을 나타내지. 따라서 오행五行은 자연의 운동하는 성질을 표시한 말이라네.

정리하면 이렇네. '사상은 외적外的이고 오행은 내적內的이며, 사상은 형체를 말하고 오행은 성질을 말하며, 사상은 정적靜的이고 오행은 동적動的이다.'

학생 네. 이제 사상과 오행의 말뜻을 알겠습니다. 그럼 둘 사이의 관계를 말씀해 주십시오.

백운 사상과 오행의 관계는 열십자十의 형상에 비유하면 이해하기 쉽지.

십十이라는 글자는 위에서 아래로 내려그은 획과 좌우로 가로그은 획이 서로 만나 접점을 만들고 있지. 여기서 위에서 아래로 그은 획은 양陽의 성질을 표시하고, 옆으로 그은 획은 음陰의 성질을 표시하네. 이처럼 음陰과 양陽이라는 서로 상대적인 두 가지 성질이 만나면, 4면에 네 가지 분별상分別相이 생기지. 교차점인 중심을 기본으로 하여 중심 이상, 중심 이하의 구별이 생기고, 또 중심의 왼쪽, 오른쪽이라는 구별이 생기는데, 이것을 합하면 네 가지 구별이 되네. 이것은 음과 양이 만나 사상으로 나누어지는 원리와 같다네.

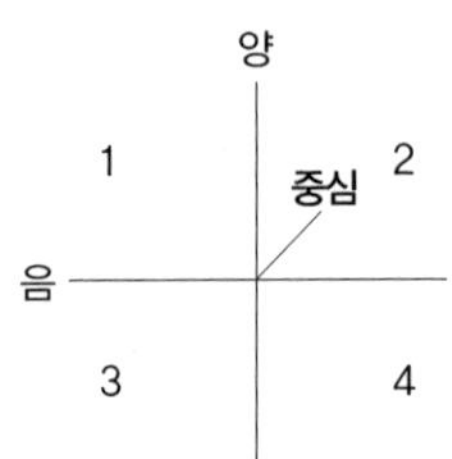

이렇게 해서 외부에 네 가지 구별이 생기는 것과 함께 중간에는 교차점이 생기는데, 교차점인 중심도 한 가지 종합적인 뜻을 갖게 되지. 그래서 네 가지 구별에다 중심을 더해 모두 다섯 가지 구별이 생기는 셈이지. 그런데 4면의 구별은 중심에 의해 생기고, 중심은 4면이 있음으로써 생기네. 그리고 중심이란 '생명이 있는 곳'이라는 말과 같아서 4면은 종합하는 조화의 지점일세. 그러므로 4면이 어떤 작용을 하려면 중심을 얻어야만 하지. 4면이 중심을 얻으면 하나의 작용성이 되고, 중심을 내놓으면 움직임 없는 형상이 되네. 사상과 오행의 관계도 마찬가지야. 사상에다 중심인 '생명이 있는 곳'을 더한 것이 오행이고, 오행이 중심을 여읜 것이 사상일세.

학생 십+자가 만들어 내는 면들 가운데 어느 쪽이 양이고 어느 쪽이 음입니까?

백운 중심을 기본으로 생각해 보게. 중심으로부터 위쪽은 상승하는 것이므로 양이고, 중심 아래쪽은 하강하는 것이므로 음이지. 또 중심의 왼쪽은 음, 중심의 오른쪽은 양일세.

학생 중심을 얻지 못하면 작용할 수 없다는 말씀을 잘 이해하지 못했습니다.

백운 중심이란 생명체에서는 생명의 원기元氣가 모이는 곳이고, 운동에서는 운동의 힘이 조화를 이루는 지점이라네. 그러므로 중심을 잃으면 작용이 생길 수 없지.

우리 몸에 빗대서 한번 이야기해 보세. 사람의 머리에는 사상이라고 할 수 있는 귀, 눈, 입, 코가 있는데, 이 네 기관은 두뇌가 없다면 생길 수도 없고 작용할 수도 없지. 이 기관들은 자신들의 주인이라고 할 수 있는 두뇌에 기초해서 존재하고 작용할 수 있는 것이라네.

학생 두뇌가 있어야만 네 기관이 작용할 수 있다는 것이 구체적으로 무슨 뜻입니까?

백운 두뇌란 곧 정신精神을 의미하지. 정신이 네 기관의 주인이고, 네 기관은 정신의 작용이라는 말이네. 이것이 사상과 오행이 '한 몸의 두 면'으로 작용하는 이치와 같다네.

우리의 손에 비유해 볼까? 손가락 다섯 개 가운데 엄지와 나머지 네 손가락의 관계를 생각해 보게. 네 손가락은 엄지가 있어야만 물체를 잡을 수 있지. 다시 말해 네 손가락이라는 사상四象은 엄지라는 주인을 얻어 오행이 된 뒤에야 완전한 작용을 할 수 있는 걸세.

학생 네. 감사합니다. 이제 사상과 오행의 관계를 이해하겠습니다. 사상과 오행의 관계가 사물마다 다른 형태로 나타나기도 합니까?

백운 그렇다네. 여기서 내가 말하는 것은 다만 그 원리일 뿐이지.

학생 사상과 오행의 관계가 사물에 따라 달라지는 데에도 각기 어떤 이치가 있지 않을까요?

백운 자네가 너무 깊은 곳까지 묻는걸. 물론 거기에 이치가 없을 수는 없지. 그것은 사상 가운데 또 사상이 있고, 오행 가운데 또 오행이 있는 것과 같은 이치라네. 오행五行 가운데도 수水를 주체로 한 수水, 화火 ,목木, 금金, 토土가 있고, 화火를 주체로 한 화火, 목木, 금金, 토土, 수水 등이 있지. 다시 말해 오행 하나하나에도 각각 오행의 이치가 갖추어져 있다는 말일세. 그러므로 자연히 사물에 따라 오행이 나타나는 형식이 달라지는 것이지.

학생 그것을 다 알아내려면 끝이 없겠군요?

백운 그렇지는 않아. 원리만 잘 이해하면 저절로 알 수 있다네.

학생 오행에 대해서는 하도에서 배웠는데도 아직 확실히 이해하지 못했습니다. 다시 한 번 설명해 주십시오.

백운 오행의 어떤 점이 이해하기 어려운가?

학생 오행의 성질에 따라 만물의 형상이나 성질, 기능이 달라지는 이치를 실제 생물에 비유해서 증명해 주시면 확실한 믿음이 생길 것 같습니다.

백운 그건 매우 어려운 문제라네. 머리속으로 알고 있다 해도 말로 표현하기가 쉽지 않네. 옳은 이치도 제대로 표현하지 못하면 거짓이 되어 버릴 테니까.

학생 심원한 진리를 어떻게 다 과학적으로 증명할 수 있겠습니까? 다만 추리나 추상을 통해 인식할 수 있게만 말씀해 주십시오.

백운 알았네. 그러면 만물 가운데 동물을 대표로 삼아 동물의 유_類가 나누어지고 각각의 성질과 기능에 차이가 생기는 것이 사상_{四象}·오행_{五行}의 원리에 따른 것이라는 점을 이야기해 보도록 하지.

22. 동물은 왜 여러 종류일까?(1)

백운 이 원리를 이해하려면 먼저 사상·오행의 이치를 확실히 알아야만 하네. 동물이 종류별로 갈라지는 것은 음양·사상이 나누어지는 이치를 따르고, 유類에 따라 동물의 성질과 기능이 달라지는 것은 오행의 이치를 따르기 때문일세.

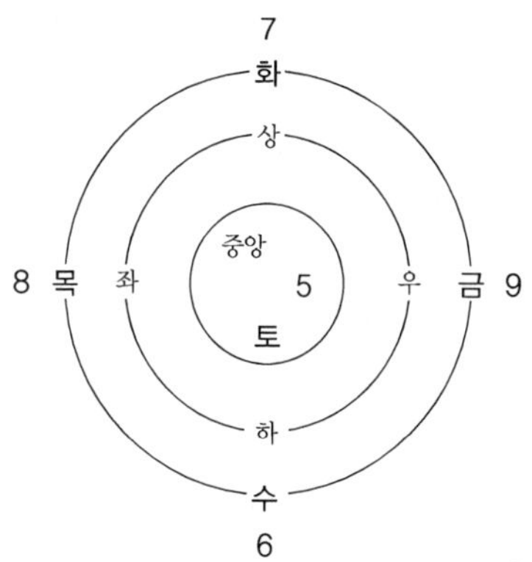

8	목	좌	낮음	나아감	밀	봄	밤	들이쉼
6	수	하	습함	내려옴	누름	겨울	추움	모임
5	토	중앙	평평함	정지	머무름	계절의 중간	따뜻함	조화
7	화	상	건조함	올라감	들어올림	여름	더움	흩어짐
9	금	우	높음	물러남	당김	가을	낮	내쉼

8	목	바람	들짐승	간(肝)	코	화남	인(仁)	신맛	푸른색
6	수	비	물고기류	신(腎)	혀	두려움	지(智)	짠맛	검정색
5	토	흐림	인류	비(脾)	얼굴	생각함	신(信)	단맛	누런색
7	화	맑음	날짐승	심(心)	눈	기쁨	예(禮)	쓴맛	붉은색
9	금	우레	갑각류	폐(肺)	귀	슬픔	의(義)	매운맛	흰색

그러면 오행을 사물의 성질에 대비시킨 표를 보면서 이야기하기로 하지.

학생 목木과 금金을 바깥쪽에 두고 수水와 화火를 안쪽에 둔 이유는 무엇입니까?

백운 오행의 체體·용用에 따라 배치한 걸세. 나무[木]와 쇠[金]는 완전한 물체인 데 반해 물[水]과 불[火]은 나타난 성질만 있을 뿐 몸뚱이가 없네. 다시 말해 목木과 금金은 성질보다 형체가 두드러지고, 수水와 화火는 형체보다 성질이 두드러지지. 그러므로 오행의 체體·용用에서 목木과 금金은 체體이고, 수水와 화火는 용用이네.

학생 그러면 목木과 금金 두 가지를 놓고 체體·용用을 나눌 때는 어떻게 합니까?

백운 목木은 음陰이고 금金은 양이므로, 목木이 체體가 되고 금金은 용用이 되네. 그리고 수水와 화火에서는 수水가 음이므로 체體가 되고, 화火는 양이므로 용用이 되지.

학생 상, 하, 좌, 우를 정할 때 목木이 왼쪽, 금金이 오른쪽이 되는 이유는 무엇입니까?

백운 그건 사람이 등을 북쪽으로 하고 남쪽을 향해 앉았을 때 왼쪽이 동쪽, 오른쪽이 서쪽이 되는 데 따른 걸세.

학생 왜 남쪽을 향해 앉는 경우를 기준으로 할까요?

백운 인체의 앞면은 남쪽의 이치로 되었고, 뒷면은 북쪽의 이치로 되었기 때문이지. 남쪽은 낮고 열리고 밝은 성질을 가졌는데, 그것은 사람의 앞면에 귀, 눈, 입, 코를 비롯한 여러 기관이 있는 것과 같네. 그리고 북쪽은 높고 한랭하고 어두워서 생물이 많이 살지 못하는데, 그것은 사람의 등 쪽에 아무런 기관도 없는 것과 같지. 따라서 남쪽을 인체의 앞면으로 보고, 그것을 기준으로 하여 왼쪽, 오른쪽을 정하네.

학생 네. 알겠습니다. 그러면 우주의 모든 것이 다 똑같은 원리로 됩니까?

백운 그렇지는 않지. 음·양이 서로 반대되는 이치에 따라 정반대의 이치로 되는 경우도 있다네. 하늘과 땅을 예로 들어 볼까? 지상에서 남쪽이라고 하는 이치가 하늘에서는 북쪽이라는 이치가 되고, 지상에서 북쪽이라는 이치가 하늘에서는 남쪽의 이치가 되네. 그래서 지상의 생물 가운데는 하늘의 이치에 대응해서 생겨난 것도 있고, 땅의 이치에 대응해서 생겨난 것도 있는 거야. 무엇이든 일면적으로 생각하는 것은 피해야 하네.

학생 지상의 남쪽이 하늘에서 볼 때는 북쪽이 된다는 말씀이 잘 이해되지 않습니다.

백운 별다른 이야기는 아닐세. 예를 들어 태양이 하늘의 북쪽에 있으면 그 광선은 땅의 남쪽에 작용한다는 것과 같은 말이지. 지상의 생물도 마찬가지로 생각하면 되네. 식물과 동물을 한번 비교해 보세. 동물 가운데서 네 발 달린 들짐승은 대체로 몸뚱이가 가로로 길어서 머리 부분과 꼬리 부분이 일직선 위에 있지.

그런데 식물은 머리라고 할 수 있는 뿌리를 아래쪽에 두고, 꼬리라고 할 수 있는 가지가 위로 뻗어 있네. 또 사람은 식물과 반대로 위쪽에 머리가 있고, 아래쪽에 꼬리 부분이 있지. 이처럼 생물계도 좌에서 우로, 우에서 좌로, 위에서 아래로, 아래에서 위로

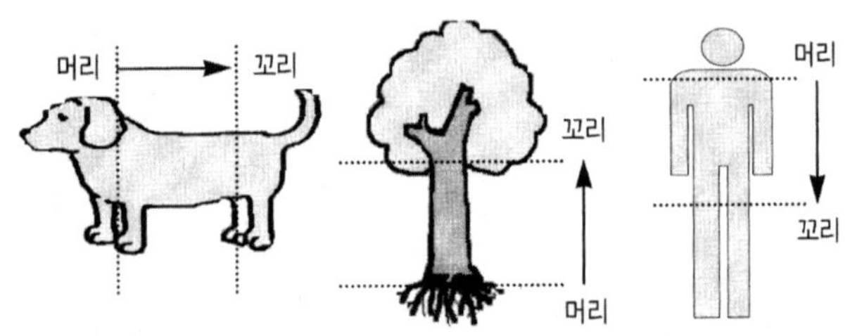

의 네 가지 사상적四象的인 구별이 있고, 여기에 따라 생물의 형상과 성질이 달라지는 걸세.

학생 목木을 '낮음'이라고 하고 금金을 '높음'이라고 한 것은 무슨 뜻입니까?

백운 풀과 나무는 낮은 지대에 많이 살고, 쇠나 돌은 높은 지대에 많다는 말과 같은 뜻일세.

학생 왜 높은 곳에 암석같이 무거운 것들이 많을까요?

백운 쇠와 돌은 화火의 속성을 가졌고, 풀과 나무는 수水의 속성을 가졌네. 다시 말해 쇠와 돌은 불의 기운을 얻어서 만들어진 것이므로 높은 지대에 많고, 풀과 나무는 물의 기운을 얻어서 자라는 것이므로 낮고 습한 곳에 많은 걸세.

학생 '나아감'은 양의 성질이고 '물러남'은 음의 성질인데, 왜 '나아감'이 낮은 데 있고 '물러남'은 높은 데 있을까요?

백운 그것은 체體·용用이 서로 바뀌는 관계에 따른 거야. 밑에서 위로 밀어올리는 것이 양陽의 성질이고, 다 올라갔다가 도로 내려오는 것이 음陰의 성질이지. 그러므로 '나아감'이 '낮음'에 있고 '물러남'이 '높음'에 있는 걸세. 이렇게 배치하는 것은 '나아감', '물러남'이라는 말이 성질을 가리키는 것이기 때문이야. 앞의 표 가운데는 이처럼 체體·용用이 서로 바뀌는 관계 때문에 마치 반대의 위치에 놓은 것처럼 보이는 것이 있다네.

나머지 부분은 자네가 스스로 연구해도 알 수 있을 테니 일일이 말할 필요는 없을 것 같네.

　학생 예. 크게 어려운 점은 없을 것 같습니다. 선생님께서 전에 하도를 설명하실 때 오행의 상생相生과 상극相剋에 대해서는 대략 언급하셨지만, 그 밖의 오행 사이의 관계에 대해서는 말씀하시지 않았습니다. 여기서 좀더 자세히 말씀해 주시지요.

23. 동물은 왜 여러 종류일까?(2)

백운 오행五行이란 중요한 것이니 좀더 살펴보기로 하세. 먼저 오행의 상극相剋·상생相生 관계를 다시 그림으로 그려 보겠네. 그런데 오행의 상생·상극은 하도河圖·낙서洛書의 이치로 되었으므로 하도와 낙서도 함께 그려야겠군. 이 그림들을 서로 비교해서 연구해 보면 오행 상생·상극의 상호 관계를 알게 될 걸세.

다음에는 오행五行의 상비相比 관계를 알아보겠네.

학생 상비相比가 무슨 뜻입니까?

백운 상비相比란 서로 화친하다는 뜻일세. 수水와 수水가 상비相比하고 목木과 목木이 상비相比하며, 화火와 화火가 상비相比하고 토土와 토土가 상비相比하며, 금金과 금金이 상비相比하지. 이처럼 서로 같은 성질을 상비相比라고 하네.

수생목(水生木), 목생화(木生火), 화생토(火生土), 토생금(土生金), 금생수(金生水)

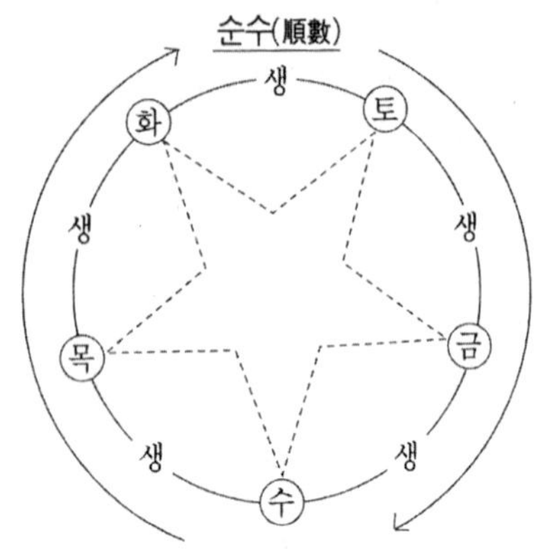

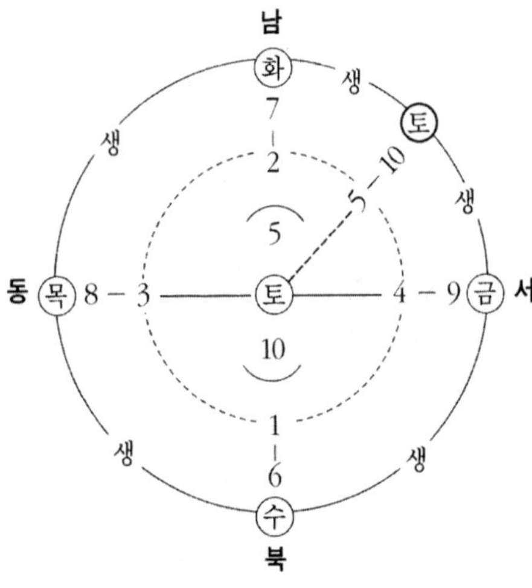

오행의 상생 관계

오행 상극

금극목(金剋木), 목극토(木剋土), 토극수(土剋水), 수극화(水剋火), 화극금(火剋金)

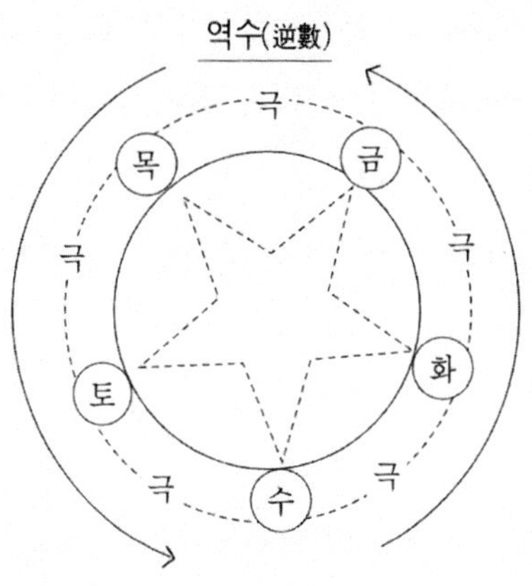

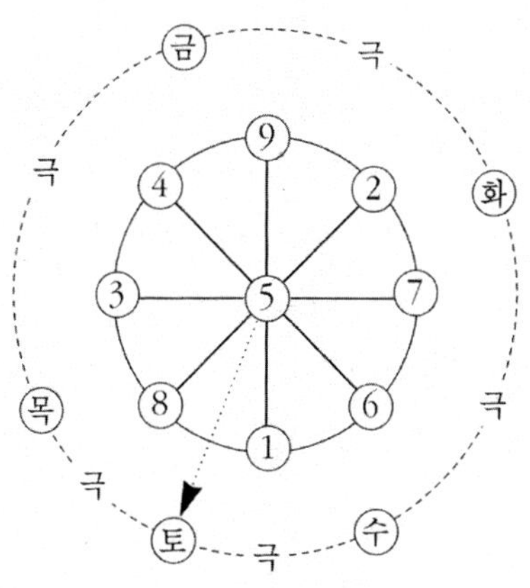

오행의 상극 관계

다음에는 오행의 음양 상합相合 관계를 알아보세.

학생 오행의 음양이라니요?

백운 오행에도 각각 그 상대가 있어 음오행陰五行, 양오행陽五行이라는 음양陰陽 구별이 있네. 이것은 오행 각각에 생수生數 · 성수成數가 있어 음양이 다른 것과 같지. 다시 말해 오행의 음양이란 생수生數 · 성수成數의 음양을 말하는 걸세. 예를 들어 수水에는 '음陰 - 6 - 수水'와 '양陽 - 1 - 수水'가 있지. 이처럼 음양이 있음에 따라 음양의 상합相合과 상반相反 관계가 생기네.

학생 그 관계를 말씀해 주시지요.

백운 같은 성질을 가진 오행 사이의 음양 관계를 예로 들어보지. 음수陰水와 양수陽水가 상합하고 음목陰木과 양목陽木이 상합하며, 음화陰火와 양화陽火가 상합하고 음금陰金과 양금陽金이 상합하네. 이런 음양陰陽 관계에 비추어 서로 다른 성질을 가진 오행 사이의 상합 관계도 생각해 보게나.

학생 그럼 상극相剋인 경우에도 둘 사이의 음양陰陽 관계에 따라 차이가 있겠군요. 예를 들어 '양금陽金 - 음목陰木'일 때와 '양금陽金 - 양목陽木'일 경우에요.

백운 그럴 경우 '양금陽金 - 양목陽木' 사이의 극剋이 더욱 심하지. 그것은 같은 성질끼리는 서로 물리치려 하기 때문이야. 마치 자석처럼 말일세.

다음으로, 오행의 음양 상반相反 관계를 보면 음수陰水와 음수陰

水가 상반하고, 양수陽水와 양수陽水가 상반하네. 다른 오행도 이와 같네.

학생 오행이 서로 상생相生하는 경우의 상반 관계는 어떻습니까?

백운 상극相剋의 경우와 마찬가지로 양陽과 양陽, 음陰과 음陰끼리는 상생의 정도가 약하다네.

24. 동물은 왜 여러 종류일까?(3)

백운 사상·오행으로 본 동물의 분류와 각각의 성질과 기능에 차이가 생기는 원리를 표로 만들어 보겠네.

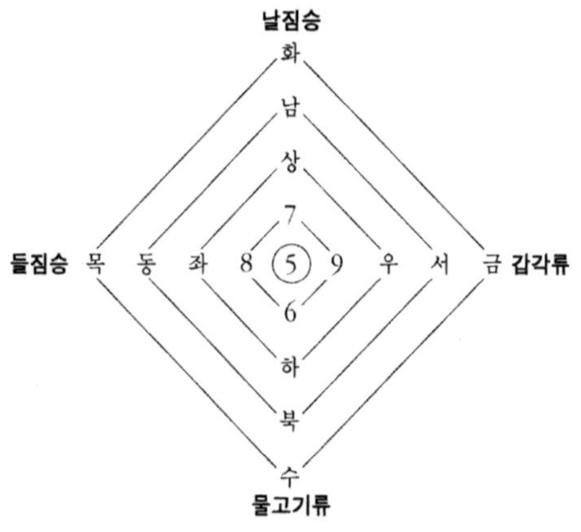

	8	6	7	9
오행	목	수	화	금
분류	들짐승	물고기류	날짐승	갑각류
1단계	털	비늘	깃털	등껍질
2단계	달림	가라앉음	날아오름	숨어서 기어다님
3단계	발을 먼저 움직임	꼬리를먼저움직임	어깨를 먼저 움직임	등을 먼저 움직임
4단계	간이 큼	콩팥이 큼	심이 큼	폐가 큼
5단계	노여움이 많음	두려움이 많음	기쁨이 많음	슬픔이 많음
6단계	소리가 큼	소리가 없음	말이 없음	말이 적음
7단계	코가 발달함	입이 발달함	눈이 발달함	귀가 발달함
8단계	정이 많음	무정함	정이 많음	성(性)이 있음
9단계	지혜로움	직관이 발달함	이지적임	영감이 발달함
10단계	사랑이 많음	변화에 능함	질서가 있음	의로움

학생 들짐승을 목木의 성질에 비유한 이유는 무엇입니까?

백운 목木은 곧게 뻗는 성질을 가졌지. 그것이 '달린다'는 뜻과 같다고 보아 목木을 들짐승에 비유하는 걸세.

학생 나무는 곧게 자라므로 목木에 곧게 뻗는 성질이 있다는 점은 알겠는데, 그것을 들짐승이 달리는 것에 비유하는 건 이해하기 어렵습니다.

백운 오행의 성질을 운동에 비유해 말하면 목木은 동쪽에서 서쪽으로 나아가는 형상이고, 금金은 서쪽에서 동쪽으로 돌아오는 형상일세. 그리고 화火에는 아래에서 위로 올라가는 뜻이 있고, 수水에는 위에서 아래로 내려오는 뜻이 있지. 다시 말해 목木·금

金에는 좌우로 나아가고 물러나는 뜻이 있고, 수水·화火에는 위 아래로 오르내리는 뜻이 있다고 보는 거네.

이것을 자연 현상에 빗대면 목木·금金의 운동은 천체의 회전 운동과 같고, 수水·화火의 운동은 땅기운[地氣]이 오르내리는 것과 같네. 이런 의미에서 목木의 성질은 횡적橫的으로 달리는 모습과 같다고 한 걸세.

학생 등껍질을 가진 짐승을 금金에 비유한 이유는 무엇입니까?

백운 금金은 강고함, 높은 곳, 외부라는 뜻을 가지고 있기 때문일세. 목木과 금金을 대비해서 말하면 이렇네. '목木은 낮고 금金은 높다, 목木은 내부이고 금金은 외부다, 목木은 근육이고 금金은 껍질이다.'

학생 알겠습니다. 물고기나 날짐승은 수水·화火가 오르내리는 성질에 비유해야겠군요?

백운 그렇지. 그러나 단지 성질만 보고 정하는 것은 아니라네. 도표의 1단계부터 차례로 이야기하다 보면 자세히 알게 될 걸세.

25. 동물은 왜 여러 종류일까?(4)

1 단계

학생 들짐승의 털을 목$_木$에 비유한 이유는 무엇입니까?

백운 짐승의 털은 가늘고 길며 강하고 곧지. 이것이 목$_木$의 형상일세.

학생 물고기의 비늘은 왜 수$_水$에 속합니까?

백운 비늘은 마치 수정처럼 투명하고 물 흐르는 모습과 같은 형상을 가졌기 때문일세.

학생 날짐승의 깃털은 왜 화$_火$에 속할까요?

백운 부드럽고 얇고 가벼워 바람에 날리는 깃털의 모습이 화$_火$의 형상이라네.

학생 갑각류의 등껍질이 금$_金$에 해당한다고 보시는 이유는 무엇입니까?

　백운 앞에서도 말했듯이 겉을 감싸고 있는 딱딱한 껍질은 금金에 속하네.

2 단계

　학생 들짐승이 달리는 것을 목木의 성질로 보는 것에 대해서는 앞에서 말씀하셨지요. 그런데 갑각류가 외진 곳을 기어 다니는 성질을 왜 금金이라고 보십니까?

　백운 금金은 끌어당기고 물러나는 성질을 가졌고, 고요하다는 뜻도 있지. 그러므로 조용히 기어 다니는 갑각류의 성질에 비유한 걸세.

3 단계

　학생 들짐승이 발을 먼저 움직이는 것이 왜 목木이 될까요?

　백운 목木은 낮은 곳을 뜻하고, 금金은 높은 곳을 뜻하네. 들짐승의 발이 몸의 아래쪽인 복부에 붙어 있는 것으로 보아 목木이라고 하는 걸세.

　학생 물고기가 꼬리를 먼저 움직이는 것을 왜 수水의 성질이라고 보시나요?

　백운 물고기가 꼬리를 치며 물속으로 가라앉는 성질은 물이 위에서 아래로 흐르는 모습에 비유할 수 있지. 그리고 보통 머리를 위, 꼬리를 아래라고 보는데 물고기류가 꼬리를 먼저 움직이는 것은 수水의 성질을 가진 생물이기 때문일세.

학생 날짐승이 어깨를 먼저 움직인다는 것은 무슨 말씀입니까?

백운 새의 날개가 어깨에 붙어 있는 것을 말하네. 날짐승은 화火의 성질을 가졌으므로 날개를 치며 날아오르는 걸세.

학생 갑각류가 등을 먼저 움직인다는 점도 궁금합니다.

백운 껍질이 등에 붙어 있으므로 움직일 때 자연히 그곳이 먼저 움직이게 되지. 갑각류는 금金의 성질로 되었기 때문에 몸의 높은 곳에 있는 껍질이 먼저 움직이는 걸세.

4 단계

학생 들짐승은 간肝이 크다고 보시는 이유는 무엇입니까?

백운 한의학에서도 간은 목木에 속한다고 했지. 들짐승은 목木의 성질로 되었으므로 간肝이 크다고 보는 거라네.

학생 그런데 왜 간이 목木에 속한다고 하는 걸까요?

백운 그것은 말로 설명하기가 좀 어려운데, 대체로 사람이 간에 병이 나면 목木의 성질과 같이 몸이 뻣뻣해진다고 하네. 그리고 나는 간을 직접 보지는 못했지만, 간肝의 모습도 목木의 형상으로 되었을 것이라고 생각하네.

학생 물고기는 콩팥이 크고, 날짐승은 심장이 크고, 갑각류는 폐가 크다고 보시는 이유를 말씀해 주십시오.

백운 콩팥은 몸 아래쪽에 있으면서 물의 기운을 주관하는 장부이므로 수水의 형상이지. 그러므로 수水에 속하는 물고기류는 콩팥에 해당하는 기관이 발달했을 것이라고 보네.

심장은 몸 위쪽에 있으면서 혈맥血脈을 순환시켜 체온을 유지하는 장부이므로 화火의 형상이라고 보지. 따라서 화火의 성질을 가진 날짐승은 심장이 발달했을 것이라고 보는 걸세.

폐는 우리 몸의 장부 가운데 맨 위쪽에 있으면서 외기外氣를 주관하므로 금金의 형상이라고 할 수 있지. 그러므로 금金에 속하는 갑각류는 호흡기가 발달했을 것이라고 보네. 여기서 폐라는 것을 사람의 허파 같은 것으로만 생각하지 말고, 그 성질과 기능을 생각해야 하네. 모든 생물이 다 똑같은 형상으로 만들어질 수는 없는 것이니까.

5 단계

학생 들짐승이 화를 잘 내는 성질을 가졌다고 보시는 이유는 무엇입니까?

백운 목木은 '움직임', '곧음', '나아감'의 성질을 가졌는데 이것을 마음에 비유하면 화내는 것에 해당하네.

학생 왜 물고기가 무서움이 많을 것이라고 보시나요?

백운 공포심을 주관하는 것은 콩팥이고, 두려움이라는 성질은 물이 아래로 떨어지듯 심기心氣가 내려앉는다는 뜻을 가졌지. 그

러므로 수水에 속하는 물고기류는 무서워하는 성질이 많을 것이
라고 보네.

학생 날짐승은 기뻐하는 성질이 많다고 보시는 이유를 말씀해
주십시오.

백운 즐거워하는 마음은 심心이 주관한다고 하지. 또 기뻐하는
마음에는 화火의 형상이 있다네. 화火에 속하는 날짐승이 기쁨이
많다는 것은 이 때문일세.

학생 심心이 기뻐하는 마음을 주관한다는 것과 기뻐하는 것이
화火의 형상이라는 말씀을 모두 알아듣기 어렵습니다.

백운 심心은 혈맥의 순환을 주관하는 기관이지. 사람은 혈액이
충분하고 잘 순환되면 안면顔面에 희색喜色이 나타나고, 그런 사람
은 대개 마음이 너그러워서 항상 웃음띤 표정을 짓게 되네. 그리
고 우리가 기뻐할 때는 얼굴에 화색火色이 돌고 표정이 확 피며 체
온도 높아지지. 그래서 기뻐하는 마음을 화火의 형상이라고 하는
걸세.

학생 갑각류가 슬픔이 많겠다는 점에 대해 말씀해 주십시오.

백운 비애悲哀는 폐가 주관하는 심정이네. 사람이 슬퍼지면 활
동력이 약해지고 마음이 푹 가라앉아 집안에 틀어박히게 되지.
이런 성질은 금金의 끌어당기고 물러나는 성질과 같네. 그러므로
금金의 성질을 많이 가진 갑각류는 활발하지 못하고 침잠하며, 껍
질 속에 쭈그리고 들어앉아 있는 거라네.

6 단계

학생 왜 들짐승의 목소리가 크다고 보십니까?

백운 앞에서도 말했듯이 목木은 동적動的이고 곧게 뻗어 나가는 성질이며 그것은 화내는 마음의 형상이네. 그러므로 들짐승은 화난 기세에 따라 소리가 크겠다고 보는 걸세.

학생 물고기에겐 소리가 없다고 보시는 이유는 무엇입니까?

백운 수水는 침잠하고, 숨을 들이쉬고, 내리누르는 성질이기 때문일세.

학생 날짐승은 말이 많겠다고 하신 이유는 무엇입니까?

백운 언어를 주관하는 장부는 심心인데 심은 화火에 속하지. 화火의 기운이 위로 또는 밖으로 퍼져 나가는 모습은 말을 하는 형상과 같네. 또 언어란 마음속에 있는 뜻을 밖을 향해 발산하는 것인데 이것이 화火의 형상일세. 그래서 심이 큰 날짐승들은 쉴 새 없이 지저귀는 거야.

학생 심心이 언어를 주관한다는 점을 좀더 자세히 설명해 주십시오.

백운 사람도 심장에 병이 들어 심화心火가 성하면 말을 많이 하게 되네. 정신 질환을 앓는 사람들 대부분이 말이 많은 것도 이 때문일세. 심장의 활동이 크면 화火의 기운이 성盛해서 말이 많아지며, 심장의 활동이 쇠약하면 화火의 기운이 약해지고 반대로 수水의 기운이 성하게 되네. 그러면 자연히 말수가 적어지지. 수水의 기운이 성盛하면 말수가 적어진다는 것은 물고기가 말이 없는 이치와 같다네.

학생 네. 알겠습니다. 그런데 갑각류는 왜 말수가 적다고 보십니까?

백운 갑각류의 성질인 금金에는 끌어당기고 물러나는 성질과 침잠하는 성질이 있지만, 수水처럼 내리누르고 숨을 들이쉬는 성질은 없네. 그래서 갑각류는 소리가 아주 없지는 않고 소리를 덜 낼 것이라고 한 걸세.

7 단계

학생 들짐승의 코가 발달한 이유는 무엇일까요?

백운 코에는 목木의 형상이 있고, 또 초목은 향기나 고약한 냄새를 풍기지. 그래서 목木을 코에 비유하네. 들짐승이 냄새를 잘 맡는 것은 코가 발달했기 때문일세.

학생 물고기류의 입이 발달했다고 보시는 이유를 말씀해 주십시오.

백운 입은 얼굴의 맨 아래쪽에 있고 입 속의 혀로는 사물의 맛을 느끼지. 그것은 음陰의 성질을 가졌다는 뜻이므로 입을 수水에 속한다고 보네. 따라서 수水의 성질을 가진 물고기는 입이 발달했다고 보는 걸세.

학생 혀가 음陰의 성질을 가졌다는 점에 대해 좀더 말씀해 주십시오.

백운 우리의 얼굴에는 귀, 눈, 입, 코 네 기관이 있지. 귀는 제일 위쪽에 있으면서 소리라는 형체도 없고 색채도 없는 것을 듣고, 눈은 색色이라는 형체가 없는 것을 보네. 또 코는 냄새라는 형체가 없는 것을 맡는데, 입 속의 혀는 맨 아래쪽에 있을 뿐만 아니라 형체가 있는 사물의 맛을 느끼는 기관이지. 그러므로 네 기관 가운데서 가장 음陰의 성질을 많이 가졌다고 보는 걸세.

학생 물고기들이 입을 자유롭게 쓰고 항상 입을 움직이는 것을 보아도 입이 발달했다는 것을 알겠습니다. 이제 날짐승은 눈이 발달했다고 보시는 이유를 말씀해 주십시오.

백운 눈은 화火에 속하네. 눈은 광선을 받아서 사물의 모습과 색채를 보는 기관이고, 또 본다는 것 자체가 광명光明을 의미하므로 화火에 속한다는 말일세. 따라서 화火의 성질로 이루어진 날짐승은 눈이 발달했네. 실제로 새들은 하늘 높이 날면서도 지상의 먹이를 잘 찾아내지 않나?

학생 갑각류는 귀가 발달했다고 보시는 이유는 무엇입니까?

백운 귀가 금金의 성질을 가졌기 때문이지. 귀는 겉모습만 보아도 속은 비어 있고, 외부에는 귓불이 둘러 있으며, 위쪽에 자리잡았으면서도 뒷면으로 물러나 홀로 있는 것이 바로 금金의 형상일세. 그리고 소리란 공기가 진동함에 따라 생기는 것이므로 금金의 성질이 공기를 주관하는 점을 보든, 진동성이 있는 점을 보든 소리를 듣는 귀가 금金에 속한다고 보지 않을 수 없지. 따라서 갑각류는 진동성에 대한 감각이 빠를 것이라고 보는 걸세.

8 단계

학생 들짐승이 정情이 많을 것이라고 보시는 이유를 말씀해 주십시오.

백운 목木의 성질을 사계절에 빗대면 봄에 해당하지. 봄은 만물에 생기를 불어넣는 계절이므로 목木의 성질에는 생명을 주관하는 뜻이 있다고 보네. 또 금金의 성질과 비교해 보면, 금金은 강하고 딱딱하며 생기가 없는 데 반해 목木의 기운은 부드럽고 두터우며 생물을 기르는 성질을 가졌지. 이 같은 목木의 성질을 마음에 비유하면 '정情이 많은 마음'에 해당하네. 그러므로 목木의 성질로 이루어진 들짐승은 정情이 많다고 보는 걸세.

학생 반대로 물고기는 정情이 없다고 하셨군요?

백운 수水에는 그늘지고 침잠하고 차갑고 누르는 성질이 있는데 이것은 활기 있는 마음과는 반대되는 것이지. 그리고 대체로 말이 없는 생물은 무정無情한 법이네. 물고기류는 수水에 속하는 소리 없는 생물이므로 무정無情하다고 보는 걸세.

학생 새들은 왜 정情이 많을 것이라고 보십니까?

백운 화火는 온기, 생기, 활동 등을 주관하고 빛을 발하지. 이런 뜻에서 화火가 생물의 생장을 주관한다고 할 수 있고, 이런 성질을 마음에 비유하면 다정함에 해당하네. 그러므로 화火에 속하는 날짐승은 정情이 많은 동물이라고 보네. 또 새들이 지저귀는 것도 정情이 많다는 것을 의미하지.

학생 갑각류는 성性이 있다고 하셨는데, 무슨 뜻인지요?

백운 성性이 있다는 말은 정情이 없다는 것과 비슷한 의미야. 정에는 사적私的이라는 의미가 있고, 성에는 공적公的이라는 뜻이 있지. 그리고 정은 색色과 같고 성은 소리[聲]와 같으며, 정은 따스하고 성은 차갑네. 그러므로 금金의 성질로 이루어진 갑각류는 공적公的이고 사사로움이 없는 생물이라고 보네.

9 단계

학생 들짐승은 지혜롭고[智], 물고기는 직관력直觀力이 있고, 날짐 승은 이지적理智的이고, 갑각류는 영감靈感이 있다고 보시는 이유 를 각각 말씀해 주십시오.

백운 들짐승이 속하는 목木의 형상에는 질서와 조리가 있는데, 이것을 지성知性에 비유하면 지혜로움[智]에 해당한다고 보는 거 네. 물고기가 직관直觀이 발달했다는 것은, 수水가 가진 투명하여 훤히 들여다보이는 성질을 지성에 비유하면 직관에 속하기 때문 이지.

대체로 이理라는 말에는 조리 있다, 밝다는 뜻이 있네. 그래서 이지理智를 화火의 성질이라고 보지. 따라서 화火의 성질로 이루어진 날짐승에게는 이치를 생각해 아는 마음이 있을 것이라고 보는 걸세.

학생 선생님 말씀이 잘 이해되지 않습니다.

백운 그럴 걸세. 하지만 나도 마음으로 느끼는 것을 그대로 표현할 방법이 없군. 그저 눈에 보이는 현상에 빗대어 추상적인 뜻을 알려주는 수밖에 없으니, 자네가 세심하게 연구해서 스스로 깨닫는 것 말고는 달리 도리가 없을 것 같아. 더욱이 8, 9, 10단계를 말로 표현하기는 참 어렵다네.

학생 대략적인 뜻이나마 계속 말씀해 주십시오.

백운 갑각류가 속한 금金은 고요하고 침잠하고 냉랭하고 공기를 진동시키는 성질을 가졌지. 또 외적이고 높고 광채가 있는 등 금金의 여러 가지 형상을 정신精神에 비유하면 영靈적인 작용과 같다고 할 수 있네. 영이란 꿈과 비슷한 정신 작용을 말하지. 그러므로 갑각류는 영적인 감성이 있다고 보는 거야.

학생 선생님께서는 수십 년 동안 깊은 산 속에서 수도修道 생활을 하셨으니, 영적인 체험을 하신 적도 있을 것 같은데요. 혹시 실제로 영적인 작용이 금金의 성질로 이루어진다는 것을 경험하신 적은 없으신지요?

백운 내가 체험했다고 한들 자네가 무슨 근거로 믿을 수 있겠나? 그러니 그런 이야기는 피하도록 하세. 옛부터 칠정구령七情九靈이라는 말을 써 왔네. 사람의 감정은 태양의 일곱 가지 색채와 같이 일곱 종류로 작용하고, 영은 아홉 종류로 작용한다는 뜻이지. 영은 기본적으로 달의 성질과 같이 3단계의 작용을 하는데 그것이 겹쳐져서 모두 9단계를 이룬다고 보네. 갑각류가 속한 금金은 수數로는 9에 해당하지.

10 단계

학생 들짐승에게 사랑의 마음이 있다고 보시는 것에 대해 설명해 주십시오.

백운 8단계에서 말한 대로 목木이란 생기生氣를 주관하는 성질인데, 들짐승이 목木의 성질을 가졌으므로 생명을 사랑하는 마음이 있을 것이라고 보는 거지.

학생 하긴 짐승이 새끼를 아끼는 것만 보아도 사랑과 정情이 많다고 볼 수 있겠습니다. 물고기가 변화에 능하다는 것은 무슨 뜻입니까?

백운 물은 기체, 액체, 고체의 세 가지 형태로 변하여 위 아래로 오르내릴 뿐만 아니라 모든 생물이 태어나고 자라는 과정에 여러 가지 형태로 변하여 작용을 가하지. 이런 점에서 수水에 속하는 수중水中 동물은 변화의 능력과 지능이 있을 것이라고 본 걸세.

학생 날짐승은 질서가 있다고 하셨는데요.

백운 앞에서도 말했듯이 화火에는 조리 있다는 뜻이 있기 때문에 날짐승은 절도와 질서가 있을 것이라고 보았네. 새들이 질서 있게 날아다니는 것을 보아도 알 수 있는 일이지.

학생 마지막으로 갑각류는 의로운 성질이 있다고 하신 이유를 말씀해 주십시오.

백운 앞에서 말했듯이 금金은 무정無情하고 이성적理性的이어서 공적인 뜻이 있고, 강렬한 성질과 맑고 고요한 성질을 가졌네. 또 금金에는 서쪽, 가을의 기운이라는 뜻이 있지. 이런 점을 심성心性에 비유하면 의로운 마음의 형상이라고 할 수 있네. 따라서 금金의 성질을 가진 갑각류는 의로운 마음이 있을 것이라고 본 걸세.

26. 복희씨가 만든 팔괘(1)

백운 팔괘八卦 가운데는 복희씨伏羲氏가 만든 것도 있고, 그 후에 문왕文王이 만든 것도 있네. 그래서 각각 복희 팔괘伏羲八卦, 문왕 팔괘文王八卦라고 부른다네.

학생 왜 팔괘가 두 가지로 나누어졌을까요?

백운 이름은 서로 다르지만 괘卦의 모습까지 다르지는 않네. 다만 뜻을 취하는 방법에 따라 방위의 배치가 다를 뿐이야.

학생 그럼 하도河圖와 낙서洛書에 수가 다르게 배치된 것과 같은 이치입니까?

백운 그럼 점이 있지만 똑같다고는 할 수 없네. 복희 팔괘는 하도의 형식대로 그은 것은 아니고 그 속뜻을 표현한 걸세. 그러므로 복희 팔괘와 문왕 팔괘가 서로 다른 것이 하도와 낙서가 서로 다른 것과 똑같은 형식이라고는 할 수 없지. 그러나 원리의 측면에서는 같다고 할 수 있네.

학생 보통 복희 팔괘를 선천 팔괘先天八卦, 문왕 팔괘를 후천 팔괘後天八卦라고 하는데, 선천先天·후천後天이란 무슨 뜻입니까?

백운 선천先天이란 대자연의 섭리가 구체적인 현상으로 나타날 수 있는 기반이 되는 원리를 표상했다는 말이네. 반대로 후천後天이란 자연의 섭리가 움직여 현상계를 이루고 천체가 운행하며 기후가 변하는 원리를 뜻하지. 즉 후천後天은 운행하고 작용하는 이치를 의미하는 말일세.

다시 말하면 선천先天에는 공간空間의 의미가 있고, 후천後天에는 시간時間의 의미가 있네. 선천先天은 상, 하, 좌, 우 같은 겉모습을 의미하고, 후천後天은 시간의 흐름에 따라 생기는 사계절 같은 자연의 성질과 기능을 의미한다는 말일세.

학생 태극太極이 나누어져 팔괘八卦가 되는 법칙이나 한 괘가 이루어지는 원리는 앞에서 배웠지만, 괘 하나하나의 모습과 뜻은 전혀 모릅니다. 이제 팔괘八卦 각각에 대해 말씀해 주십시오.

백운 팔괘를 이루는 여덟 가지 괘를 하나하나 알아보려면, 먼저 팔괘가 이루어진 이치를 확실히 알아야 하네. 다시 말해 팔괘가 인위적으로 만들어진 것이 아니라 자연의 법칙을 나타낸 것이라는 믿음이 서야 하지. 그렇지 않으면 괘의 뜻을 생각할 때 의혹이 생기기 쉬워. 왜냐하면 자연의 법칙이란 아주 평이平易하고 담담할 뿐 사람들을 유혹하는 기묘함이나 달콤한 맛이 없기 때문이지. 그래서 어떻게 보면 거짓 같기도 하고 때로는 유치해 보이기까지 하네. 그러나 그렇게 보이는 것은 팔괘가 자연의 법칙 그대로이기 때문이야. 우주는 시간이 흘러도 항상 그대로이고, 평범하며, 맛이나 향기도 없지. 이같이 평범함 속에서라야 참되고 무궁한 진리가 나오는 법이라네.

주역의 팔괘는 모습도 아주 평범하고 담담하며 가식이나 기묘한 맛이 없네. 그러나 팔괘는 자연의 섭리대로 되었기 때문에 자연 현상과 맞아 들어가지. 이처럼 담담하고 평범한 것이 오히려 가치 있다는 것을 알아야 하네. 그리고 주역을 공부하는 사람은 무엇보다 사람이기에 가질 수밖에 없는 감정적인 마음을 버리고

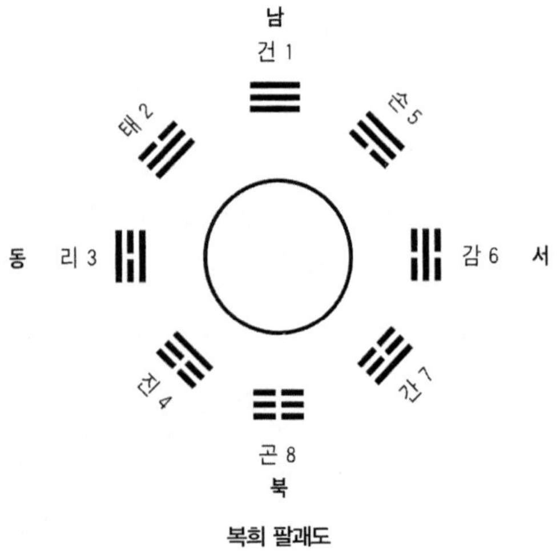

복희 팔괘도

지극히 공리적_{公理的}이고 자연적인 마음가짐을 갖추어야 해. 그래야만 자연의 섭리가 막힘없이 보인다네. 이런 점에 특별히 유의하면서 복희 팔괘를 공부하기로 하세.

학생 예. 잘 알겠습니다.

백운 주역의 괘를 말로 표현하는 것이 무척 어렵네. 이미 말했듯이 너무 평범한데다가 이론적으로 따지기 어려운 직관적인 면이 있기 때문이지. 그렇다고 해서 허무맹랑한 것은 아니고 팔괘 속에는 높고 깊은 자연의 법칙이 다 들어 있다네. 자네도 너무 논리적으로만 따지려 하지 말고 직관적인 감성을 발휘해 보기 바라네.

학생 명심하겠습니다. 선생님, 팔괘_{八卦}의 효_爻에서 양을 표시하는 효는 중간이 이어져 있고 음을 표시하는 효는 중간이 끊어져 있는데, 왜 그렇게 그렸을까요?

백운 양효의 중간이 어어진 것은 양의 성질이 휴식 없이 움직인다, 완전하여 부족한 데가 없다, 강건_{剛健}하다 같은 뜻을 표시한 걸세. 그리고 음효의 중간이 끊어진 것은 음의 성질이 고요하다, 부족함이 있다, 유순하고 단정하다 같은 뜻을 나타낸 걸세. 이처럼 음과 양의 성질을 표시하기 위해 모습이 서로 다른 효를 사용하는 거야.

27. 복희씨가 만든 팔괘(2)

☰ 건괘(건은 하늘을 뜻한다 乾爲天)

학생 양효 세 개로 이루어진 괘에 왜 '건乾'이라는 이름을 붙였을까요?

백운 건乾이란 굳세어 쉼 없이 움직인다는 뜻인데, 그것은 하늘의 성질에 해당한다네.

학생 하늘이 쉼 없이 움직인다는 것이 무슨 뜻입니까?

백운 나타나 있는 것으로는 천체가 중단 없이 운행하는 것을 말하고, 나타나지 않는 것으로는 하늘과 땅 사이에 생기生氣가 흘러다니며 여러 작용을 일으키는 것을 말하지.

학생 건괘乾卦가 복희 팔괘도의 위쪽에 있는 것은 하늘이 높다는 뜻입니까?

백운 그렇네. 복희 팔괘는 공간의 분별을 표시한 것이므로 봄, 여름, 가을, 겨울 같은 시간적인 뜻으로 보지 말고 상, 하, 좌, 우라는 뜻으로 보아야 하네.

학생 건괘는 하늘을 뜻한다고 했으니 해, 달, 별 같은 천체도 건乾이라고 할 수 있습니까?

백운 그렇지는 않아. 이 괘를 천괘天卦라고 하지 않고 건乾자를 쓴 것은 형체 있는 하늘이 아니라 그 성질을 뜻하기 때문일세. 괘의 모습이나 괘의 뜻을 어떤 사물에 비유했다고 해서 그 사물로만 생각하면 안 되네. 괘의 뜻을 표현할 방법이 없어서 물질이나 현상에 빗댄 것일 뿐이니까.

학생 그렇다면 건괘를 양陽의 대표적인 성질이라고 보면 되겠군요?

백운 잘 알았네. 건괘의 효 세 개가 모두 양효陽爻이므로 가장 양적陽的인 괘라고 할 수 있지. 본래 역易이란 현상에 대한 관찰과 추리를 통해 자연의 진리를 파악하려는 방법일세. 그러므로 고정된 물체만을 생각하면 역의 본뜻과 크게 어긋나게 되지.

학생 건괘乾卦 옆에 ‘1’이라는 숫자를 붙인 것은 무슨 의미인지요?

백운 그건 음과 양이 나누어지는 순서를 표시한 걸세.

학생 그러면 앞에서 말씀하신 사상四象, 팔괘八卦로 나누어지는 순서와 같습니까?

백운 맞네. 바로 그 순서대로 된 거야.

⚏ 곤괘(곤은 땅을 뜻한다 坤爲地)

백운 곤坤이란 땅의 성질을 표시한 말인데, 땅의 성질은 하늘과 반대로 고요하고 유순柔順하네. 곤坤을 유순柔順하다고 하는 것은 곤괘坤卦가 음효陰爻 세 개로 되었기 때문이야. 다시 말해 양의 성질은 강건剛建하고 음의 성질은 유순柔順하다는 뜻이라네.

학생 땅의 성질이 고요하고 유순柔順하다고 하셨는데, 지구는 자전을 하지 않습니까?

백운 회전 운동을 한다는 것은 지구의 외형적인 활동을 말하는 것이고, 유순柔順하다는 것은 내면적인 성품을 말하는 걸세. 성품이 유순한 사람이라고 해서 걸어 다니지도 못하는 건 아니지 않은가?

학생 옛날 사람들은 지구가 모났다고도 하고 운동을 하지 않는다고도 하지 않았습니까?

백운 주역에도 '하늘은 둥글고 땅은 모났다天圓地方', '하늘은 움직이고 땅은 고요하다天動地靜'는 말이 있네. 그러나 그 말은 자네가 생각하는 것처럼 단순하고 쉬운 말이 아니라네.

학생 그 말들에 다른 깊은 뜻이 있다는 말씀인가요?

백운 물론이지. 하지만 그것을 말로 다 표현하기는 어려워. 내가 개략적인 뜻이나마 이야기해 볼 테니 잘 들어 보게.

주역의 원리는 본래 음양 상대의 원리이지. '하늘은 둥글고 땅은 모났다'는 말에서 '하늘'의 상대는 '땅'이고, '둥글다'의 상대는 '모났다'네. 그러므로 하늘이 있으려면 그 상대인 땅이 없을 수 없고, 둥근 것이 있으려면 모난 것이 없을 수 없네. 그러므로 이 문구에 잘못된 것은 하나도 없어. 그런데 사람들이 좁은 식견으로 일면적인 해석을 고집하여 땅이 사각형처럼 모났다고 한 것이라네.

그리고 주역에 나오는 '하늘은 둥글고 땅은 모났다.'는 말의 본래 문장은 '하늘은 둥글어 신묘하고, 땅은 모나서 알 수 있다[天圓以神, 地方以知].'라네. 여기서 하늘이란 어떤 물체가 아니라 하늘의 이치를 말하고, 땅도 지구를 가리키는 것이 아니라 땅의 이치를 말하네. 하늘과 땅이란 '하늘의 이치'와 '땅의 이치'를 의미한 것이고, 양의 성질과 음의 성질을 나타내기 위해 하늘과 땅에 빗댄 걸세.

'하늘은 둥글어서 신묘하다.'는 말은 하늘의 이치는 둥근 고리처럼 처음과 마지막, 시작과 끝이 없이 이어져서 움직이므로 그 무궁한 변화의 신묘함을 측량하기 어렵다는 뜻이네. 그리고 '땅은 모나서 알 수 있다.' 는 말은 땅의 이치는 순서와 조리가 있어서 우리의 지적 능력으로도 알아볼 수 있다는 뜻이지. 그러므로 '땅은 모났다.'는 말을 지구가 사각형이라는 뜻으로 받아들여서는 안 되네.

학생 예. 정말 새로운 것을 배웠습니다.

백운 그런데 우리가 사는 지구는 형체상으로도 모났다고 할 수 있다네. 앞에서 말했듯이 움직임 속에도 고요함이 있고 고요함 속에도 움직임이 있으므로 일면적으로만 규정할 수는 없지. 지구 전체의 겉모습을 보면 둥글지만, 그 내면이라고 할 수 있는 지형을 보면 산도 있고 평지도 있고 바다도 있네. 이런 점을 가지고 지구는 모났다고 할 수도 있는 걸세. 그리고 지구가 회전 운동을 하는데도 우리가 눈으로 보는 현상 가운데는 회전하는 것이 없지 않나? 이것이 움직임이 고요함을 만들고 고요함이 움직임을 만드는 음양의 원리에 따른 거야.

모든 일이나 사물에서 일면적으로 꼭 이렇다는 것은 있을 수 없어. 예를 들어 여성의 성격이 일반적으로 고요하다고 해서 여자 운동선수는 여자가 아니라고 할 수 없는 것과 같이 내부, 외부의 양면으로 모든 것을 관찰해야 하네. 좀더 세밀히 말하면 네 측면에서의 관찰이 필요하지.

학생 예. 이제 주역에서 지동설地動說을 부인하지 않았다는 것을 알겠습니다. 그런데 혹시 주역에 지구가 움직인다는 이야기는 없습니까?

백운 지구가 움직인다는 의미가 포함된 문장도 있고, 옛부터 지구가 허공에 떠 있다는 말도 있네. 뿐만 아니라 달이 태양의 빛을 받아 빛을 낸다는 말도 있어. 이런 이야기를 여기서 다할 수는 없지만 옛사람들은 아무 것도 몰랐을 거라고 생각하는 것은 큰 잘못일세.

☲ 리괘(리는 불을 뜻한다 離爲火)

백운 리離자에는 여러 가지 뜻이 있는데, 여기서는 '빛난다'는 뜻으로 쓰였네. 광명光明이라는 말이지.

학생 리괘離卦를 왜 불이라고 했을까요?

백운 리괘離卦를 보면 아래와 위에 각각 양이 있고 가운데에 음이 있지. 이것은 겉면은 양이고 속은 음인 모습일세. 이런 외양내음外陽內陰의 이치로 된 것이 불이라네. 불빛은 외부를 향하여 발사되고 내면은 어둡지. 또 불에서 나오는 열도 속보다 겉면이 더 뜨겁지 않은가?

학생 그러면 아래, 위의 두 양효陽爻는 빛이고, 가운데 음효陰爻는 어둠이겠군요?

백운 그렇지. 리괘離卦는 양 속에 음이 있는 모습을 표상한 거야.

학생 복희 팔괘도에서 리괘離卦가 왼쪽에 있는 이유는 무엇입니까?

백운 리괘離卦를 불이라고도 보고 태양이라고도 보는데, 리괘離卦가 왼쪽에 있는 것은 해가 동쪽에서 올라오는 모습을 따른 걸세. 뜨겁다, 밝다 같은 해의 성질이 아니라 겉으로 보이는 모습에 따라 위치를 정한 거라네.

☵ 감괘(감은 물을 뜻한다 坎爲水)

학생 감坎자에는 어떤 뜻이 있습니까?

백운 구덩이, 구멍, 빠지다, 무너지다 등의 뜻이 있네. 감괘를 보면 아래, 위의 두 음 사이에 양 하나가 빠져 있는 모습이라서 그렇게 이름붙인 걸세.

학생 감괘를 왜 물에 비유했을까요?

백운 감괘坎卦를 물이라고도 보고 달이라고도 보네. 그것은 감괘가 겉면은 음효陰爻, 내면은 양효陽爻로 되어 있기 때문이지. 물은 겉으로는 빛이 나지 않지만 속에는 투명한 성질이 있는데 그 투명함을 양陽이라고 보네. 그리고 깊은 물속보다 물의 표면이 더 차가운데 그것은 물의 표면은 음陰으로 되어 있기 때문이라네.

학생 그러고 보니 감괘坎卦의 모습이 리괘離卦와 정반대로군요.

백운 그렇지. 물과 불의 성질이 정반대인 것과 같이 괘의 모습도 반대로 되어 있지.

학생 그런데 궁금한 게 있습니다. 양 하나가 두 음 속에 들어 있다고 해서 '빠졌다'고 본다면, 리괘離卦의 가운데 음효陰爻도 두 양효陽爻 속에 빠졌다고 할 수 있지 않을까요?

백운 그렇게 생각하기 쉽지만 그렇지 않은 이유가 있네. 대체로 양은 음보다 질質이 가볍고 무형적無形的인 뜻이 있고, 반대로 음은 유형적有形的이고 질質이 두터운 성질이 있어. 그러므로 형체가 없는 양이 형체가 있는 음 사이에 들어 있는 감괘坎卦의 모습은 가운데가 움푹 팬 형상이 되지 않겠나? 또 감괘坎卦에는 활동적인 양이 음 속에 빠져서 움직이지 못한다는 의미도 있네.

학생 감괘坎卦가 복희 팔괘도에서 오른쪽에 위치한 이유는 무엇인지요?

백운 마치 해와 달이 뜨고 지는 모습처럼 왼쪽에 있는 리괘離卦의 상대로 반대쪽에 있게 된 거라네. 해는 처음 동쪽에서 나타나는 데 반해, 달은 초생初生하는 것이 서쪽에서 나타나는 것과 같지.

☱ 태괘(태는 못을 뜻한다 兌爲澤)

백운 태兌자에는 즐긴다, 기뻐한다는 뜻도 있고 못에 비유하기도 하네.

학생 태괘兌卦를 못[澤]이라고 보는 이유는 무엇입니까?

백운 태괘兌卦를 못이라고 하는 것은 괘卦의 겉모습을 보고 하는 말일세. 맨 위에 있는 음효陰爻를 물이라고 보고, 또 음효陰爻의 모양을 따서 위가 벌어졌다고 보는 거지. 그러니까 움푹 팬 땅에 물이 고여 있는 모습이 되는 걸세. 괘卦의 형상을 사물에 비유하는 것이 이렇게 우스운 느낌이 들 때가 많아. 그러나 그 속에는 말로 나타내지 못할 직관적인 느낌이 있는 것이니, 잘 연구해 보면 자연스레 느낌이 생긴다네.

학생 태괘兌卦에 즐긴다, 기뻐한다는 뜻이 있다는 건 무슨 말씀입니까?

백운 태괘兌卦는 못[澤]인데, 못에 고여 있는 물은 만물을 길러내는 역할을 하지. 그러므로 만물의 입장에서 볼 때는 그것이 기쁨이 된다는 뜻이라네.

이것은 한 괘卦를 관찰할 때 겉모습과 속뜻을 구별해서 보는 걸세. 못이란 겉모습을 보고 하는 말이고, 기쁨이란 속뜻을 보고 하는 말이지. 이처럼 하나의 괘卦 안에도 겉모습과 속뜻이 있고, 주인 효爻와 손님 효爻가 있다네.

학생 주인 효爻, 손님 효爻라니요?

백운 괘를 이루는 세 효爻를 음양으로 나누어 볼 때, 그 숫자가 적은 것이 주인主이 되고 숫자가 많은 것이 손님客이 되네. 태괘兌卦를 보면 음효陰爻가 하나, 양효陽爻가 둘이므로 음효가 주인이고 양효는 손님이지.

학생 왜 숫자가 많은 것이 주인이 되지 않고 적은 것이 주인이 될까요?

백운 본래 주객主客이란 양量의 많고 적음과는 다른 걸세. 어떤 사물에서든지 주가 되는 것은 수가 적은 법이지. 나무만 보아도 몸통은 하나인데 가지와 잎사귀는 많지 않은가?

학생 태괘兌卦가 동남쪽에 있는 것은 무슨 뜻입니까?

백운 그것은 동남쪽에 못澤이 많다는 뜻인데, 여기서 못을 바다로 보면 되네. 지구의 동남쪽에 물이 많은 것과 같은 이치이지.

학생 왜 동남쪽에 물이 많은 걸까요?

백운 지구의 동남쪽이 지대가 낮으니 자연히 물이 많지 않겠나? 반대로 지대가 높은 서북쪽에는 산이 많지.

☶ 간괘(간은 산을 뜻한다 艮爲山)

백운 간괘艮卦의 간艮자에는 '그친다'는 뜻이 있고, 그 모습은 산이 된다고 하지.

학생 그렇게 보는 이유를 말씀해 주십시오.

백운 간괘艮卦는 위에 양효陽爻 하나가 있고 그 밑에 음효陰爻가 둘 있는데, 주인은 위에 있는 양효陽爻이지. 이것은 주인인 양이 아래의 두 음에게 붙잡혀서 움직이지 못하고 서 있는 형상이네. 그래서 그친다는 뜻으로 보는 걸세. 그리고 간괘艮卦를 산에 비유하는 것은 우뚝 서 있는 산의 형상을 빗댄 것이기도 하고, 불기운이 위로 솟아올라서 형성된 산의 뜻이 맨 위에 양효陽爻가 있는 것과 같은 의미이기 때문이기도 하네.

학생 그러면 간괘艮卦의 위에 있는 양효陽爻를 불이라고 보고 태괘兌卦의 위에 있는 음효陰爻를 물이라고 보아, 두 괘卦가 서로 대립된 것이라고 생각해야겠군요?

백운 그렇지. 동남쪽과 서북쪽은 서로 상대되는 방위이므로 괘도 반대로 된 걸세. 산을 가리키는 간괘艮卦가 서북쪽에 위치한 것은 서북쪽에 육지와 산이 많다는 뜻이야.

학생 간괘艮卦의 위에 있는 양 하나가 아래의 두 음에게 얽매여 가지 못하고 서 있다고 하셨는데, 그 뜻을 잘 모르겠습니다.

백운 그것은 음과 양이 서로 당기는 자연의 성질을 가지고 한 말일세. 밑에 있는 두 음이 양 하나를 끌어당겨 양의 진행을 정지

시킨다고 보는 거지.

☷☳ 진괘(진은 우레를 뜻한다 震爲雷)

학생 위에 음효陰爻 두 개가 있고 아래에 양효陽爻 하나가 있는 괘를 왜 진괘震卦라고 했을까요?

백운 진震이란 진동한다는 뜻이지. 진괘震卦의 주인은 첫 번째 효爻인 양인데, 양은 본래 위로 올라가려는 성질을 가졌네. 그런데 위에서 두 음陰이 누르고 있으니 양은 두 음을 깨뜨리고 치솟아 오르려고 몸부림쳐 진동을 일으키게 되지. 그런 뜻으로 진괘震卦라고 이름붙인 걸세.

학생 진괘震卦를 우레[雷]에 비유한 이유는 무엇입니까?

백운 물론 우레에 진동하는 성질이 있기 때문이지. 그리고 우레라는 현상은 진괘震卦처럼 속에 양이 있고 겉에 음이 있는 모습이기 때문이기도 하네. 이것을 말로 설명하기는 좀 어려운데 굳이 말한다면, 우레가 치면서 바깥쪽을 향해 불길을 쏘는 것이 속에 있는 양이 터져 나오는 것과 같다고 할 수 있네.

그리고 우레란 바람이 일어나는 것과는 반대로 양陽이 먼저 움직임을 일으키고 그 후에 음陰이 부딪혀서 생기는 현상이야. 대개 이런 뜻으로 우레는 속에 양이 있고 겉에 음이 있으며, 또 양이 앞서고 음이 따르는 성질이 있다고 하는 걸세.

학생 그러면 바람은 어떻게 일어납니까?

백운 우레는 양이 앞서고 음이 따르는 데 비해 바람은 음이 앞서고 양이 따른다네. 바람은 음의 기운이 주동이 되어 발생한다는 말이지.

학생 진괘震卦가 동북쪽에 위치한 이유는 무엇입니까?

백운 우레란 어떤 물체가 아니라서 표현하기가 좀 어렵군. 태양이 동쪽에서 서쪽을 향해 올라오는 것과 같이 우레도 맨 아래에 있는 양효陽爻가 진동을 일으키며 밀고 올라오는 뜻이 있다고 보네. 즉, 양효陽爻가 추진력을 가졌다는 말인데 그 추진하는 성질을 동쪽의 기세라고 보는 걸세.

☴ 손괘(손은 바람을 뜻한다 巽爲風)

학생 손巽자는 무슨 뜻입니까?

백운 손巽자는 '입入'자의 뜻처럼 '자기의 본래 자리에 들어 있다'는 뜻이네. 본래 음陰의 정위치는 아래쪽이나 안쪽인데, 손괘巽卦의 주인인 음효陰爻가 괘卦의 제일 아래쪽에 있으므로 자기의 본래 자리를 지키고 있다는 이야기지. 그리고 바람이란 음陰이 주도하는 현상인데, 음陰의 기운이 아래에 들어가고 양陽의 기운이 위로 올라가는 데서 생기는 걸세. 다시 말해 바람은 음陰과 양陽이 각각 본래의 자리를 찾으려는 데서 생기는 현상이야. 그래서 손괘巽卦를 바람에 비유하는 거라네.

28. 복희씨가 만든 팔괘(3)

학생 복희 팔괘伏羲八卦 전체의 뜻을 종합적으로 말씀해 주셨으면 합니다.

백운 여러 차례 이야기했지만 주역의 팔괘는 인위적인 조작의 산물이 아니라 자연의 원리인 음양의 이치가 자연의 질서에 따라 나누어진 것이라는 점을 우선 생각해야 하네. 그리고 이렇게 이루어진 팔괘가 도대체 자연계의 어떤 형태와 부합하는가 하는 의문을 가지고 팔괘를 관찰해야 하네.

이미 말했듯이 복희 팔괘에는 하늘, 땅, 해, 달이 자리를 잡고, 산과 못이 기氣를 교류하여 만물을 낳고 기르는 형상이 표현되어 있네.

위쪽에 하늘을 뜻하는 건괘乾卦가 있고, 아래쪽에 땅을 뜻하는

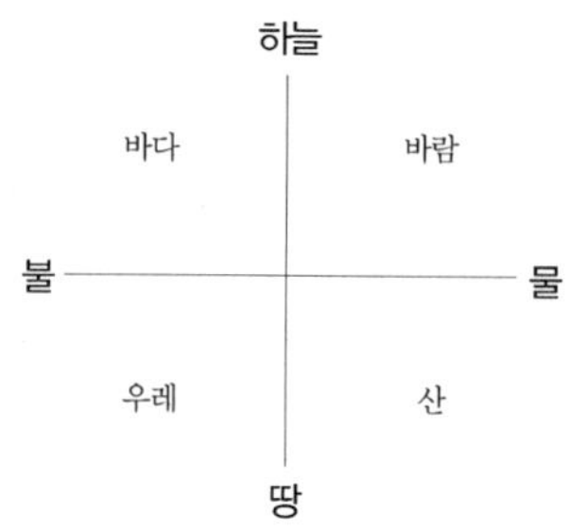

곤괘坤卦가 있는 것은 하늘과 땅이 자리를 잡은 모습이지. 그리고 왼쪽에 불을 뜻하는 리괘離卦가 있고, 오른쪽에 물을 뜻하는 감괘坎卦가 있는 것은 해와 달이 뜨고 지는 것을 뜻하네. 다시 말해 상, 하, 좌, 우 네 정위치에는 천문天文의 현상이 나타나 있는 것이지.

그리고 상, 하, 좌, 우의 사이사이에는 산과 바다, 우레와 바람이라는 지리적인 현상이 나타나 있네. 서북쪽에 산을 뜻하는 간괘艮卦가 있고 동남쪽에 못을 뜻하는 태괘兌卦가 있는 것은, 동남쪽 바다의 물 기운이 서북쪽 산간 지대의 불 기운과 서로 교류·변화하여 구름, 비, 바람, 천둥 같은 현상을 일으킨다는 뜻을 나타낸 거야.

정리하면, 복희 팔괘의 네 정방正方에는 하늘과 땅이 위치하고 해와 달이 운행하는 모습이 나타나 있고, 네 간방間方에는 산과 바다가 기氣를 교류하여 자연 현상이 생기는 원리가 표현되어 있네. 이처럼 복희 팔괘伏羲八卦는 만물을 낳고 기르는 자연의 모습을 형상화한 것이네.

29. 문왕이 만든 팔괘(1)

학생 문왕文王은 어떤 인물입니까?

백운 문왕文王은 중국 주周나라의 첫 임금이야. 문왕은 주나라의 전신인 은殷나라의 마지막 왕인 주紂임금에 의해 수리羑理라는 지방에 있는 감옥에 갇혔다고 하지. 문왕은 옥중 생활을 하면서 문왕 팔괘를 만들고, 64괘에 대한 해설을 붙이는 등 복희씨伏羲氏의 뜻을 계승하여 주역을 발전시켰다고 전해지네.

문왕은 훗날 폭군 주紂임금을 무너뜨리는 혁명에 성공했는데, 공자孔子는 문왕을 매우 존경했다고 하지. 그러면 복희 팔괘도와 함께 문왕 팔괘도를 보면서 각 괘에 대해 이야기해 보세.

학생 복희 팔괘도에는 남쪽에 건괘乾卦가 있고 북쪽에 곤괘坤卦가 있는데, 문왕 팔괘도에는 남쪽에 리괘離卦가 있고 북쪽에 감괘

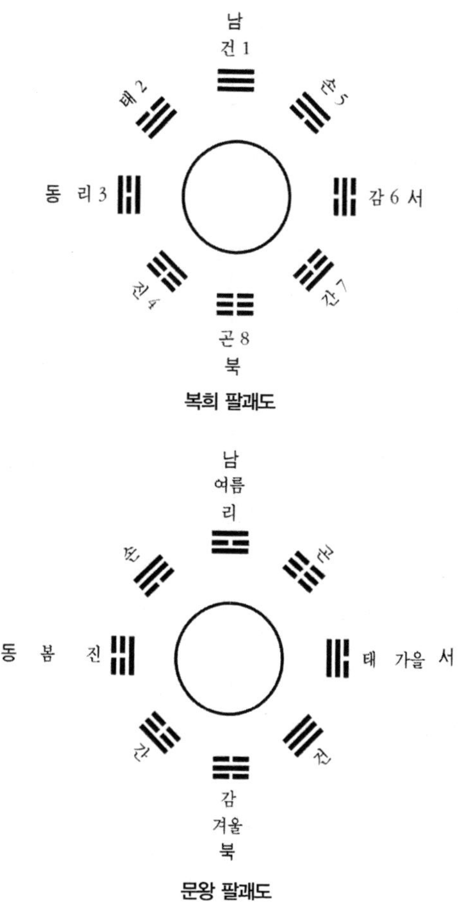

坎卦가 있군요. 왜 이렇게 배치한 것일까요?

백운 앞에서 말했듯이 겉모습을 나타낸 복희 팔괘는 '하늘-위, 땅-아래'라는 공간적인 위치로 배치되었고, 속마음을 나타낸 문왕 팔괘는 시간적인 봄, 여름, 가을, 겨울의 성질로 배치되었네.

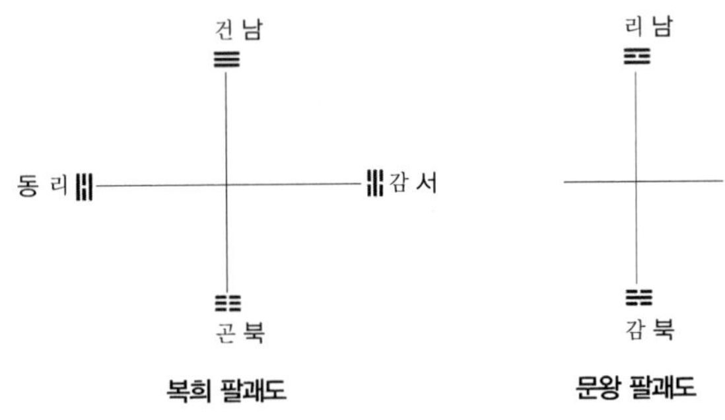

복희 팔괘도   **문왕 팔괘도**

학생 그러면 남쪽에 있는 리괘離卦[불]를 여름, 북쪽에 있는 감괘坎卦[물]를 겨울이라고 보아야겠군요?

백운 그렇지. 사계절을 표시한 괘卦라고 보아야 하네.

학생 복희 팔괘도에서 좌, 우에 있던 리괘離卦와 감괘坎卦가 문왕 팔괘도에서 상, 하로 배치되어 있는데, 이처럼 위치가 달라진 이유가 궁금합니다.

백운 선천 팔괘先天八卦와 후천 팔괘後天八卦의 체體, 용用 관계에서 그 주主와 객客이 다르므로 위치도 서로 바뀐 걸세. 선천, 후천 두 팔괘 가운데서 체가 되는 팔괘에서는 체가 되는 괘가 정위치에 놓이고, 용이 되는 팔괘에서는 용이 되는 괘가 정위치에 놓인다는 말이지.

복희 팔괘와 문왕 팔괘를 체, 용으로 구별하면 복희 팔괘가 체이고, 문왕 팔괘는 용일세. 복희 팔괘는 체이므로 체의 주인이라 할 수 있는 건乾[하늘], 곤坤[땅] 두 괘가 상, 하 정위치에 있고, 문왕 팔괘는 용이므로 용의 주인인 리離[불], 감坎[물] 두 괘가 남, 북 정위치에 놓인 것이지.

진괘震卦와 태괘兌卦

학생 동쪽에 진괘震卦, 서쪽에 태괘兌卦가 있는 이유는 무엇입니까?

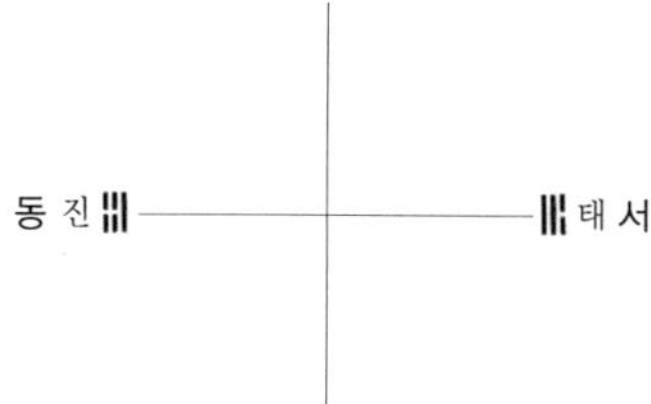

백운 우레를 뜻하는 진괘震卦가 동쪽에 있는 것은 동쪽이라는 방위의 성질에 맞기 때문이야. 동쪽은 해가 떠오르는 진취적인 방위이고, 또 봄이 되면 만물의 생기가 발동하여 싹이 터오른다는 의미도 가지고 있네. 그리고 서쪽은 만물이 생기를 흡수, 결집

하여 결실을 맺는 계절인 가을에 해당하므로 물을 뜻하는 태괘兌
卦가 자리한 걸세.

학생 진괘는 맨 밑의 양효陽爻가 위로 솟구쳐 오르려는 성질을
가졌으므로 생기가 피어나는 봄의 성질이라고 볼 수 있겠습니다.
그런데 태괘兌卦가 생기를 흡수하여 결실을 맺는 뜻을 가졌다는
것은 무엇을 보고 하시는 말씀입니까?

백운 진괘에서 아래에 있는 양이 위로 솟아오르려는 것과 마찬
가지로 태괘의 주인인 맨 위의 음은 음의 본래 위치인 아래로 내
려가려는 성질을 가졌네. 그래서 해가 지는 서쪽과 결실을 맺는
가을에 태괘가 놓인 걸세.

학생 그러면 주인 효爻의 음, 양을 보아 그 괘의 성질을 정하는
것입니까?

백운 그렇네. 하지만 괘卦의 겉모습을 보아야 할 때도 있고 성
질을 보아야 할 때도 있지.

지금까지 살펴본 리離, 감坎, 진震, 태兌 네 괘는 봄, 여름, 가을,
겨울 사계절에 해당하는 괘네. 이 네 괘에는 자연이 봄에 만물을
싹틔워 여름에 자라게 하고, 가을에 거두고 겨울에 저장하는 뜻
이 표시되어 있지.

손괘巽卦와 건괘乾卦

학생 동남쪽에 손괘巽卦, 서북쪽에 건괘乾卦가 놓인 뜻은 무엇입

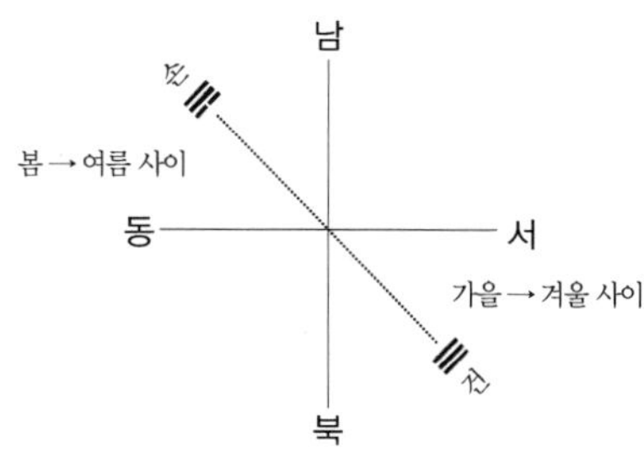

니까?

백운 손괘巽卦의 손巽이란 만물이 완전히 눈을 떠서 다시 발육하려는 준비 상태를 의미하네. 이런 상태에 속하는 계절은 봄, 여름의 사이라고 할 수 있지. 그래서 손괘를 동남쪽에 놓은 걸세. 그리고 건괘乾卦의 건乾에는 강건剛建하여 싸운다는 뜻이 있는데, 그 성질을 계절로 말하면 가을, 겨울 사이에 해당하네. 가을, 겨울 사이는 찬 기운이 점점 강해져 찬 기운과 더운 기운이 서로 싸우며, 식물의 낙엽이 완전히 떨어지는 계절이지. 그래서 건괘를 서북쪽에 놓은 걸세.

간괘艮卦와 곤괘坤卦

학생 북동쪽에 간괘艮卦, 남서쪽에 곤괘坤卦가 있는 이유는 무엇입니까?

백운 간괘艮卦의 간艮은 '그친다'는 뜻을 가졌지. 그리고 그친다는 말은 가운데[中]라는 뜻도 되네. 가운데란 만물이 탄생하고 변

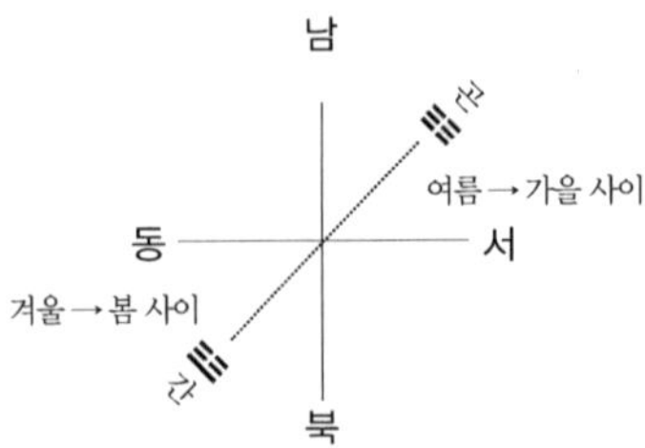

화하는 시작과 끝인 시간적인 중화中和 상태를 의미하네. 그러므로 '그친다'는 것은 만물이 생겨나기 위한 모든 것이 갖추어져 있는 상태를 의미하지. 이런 뜻에서 간괘艮卦를 겨울, 봄 사이에 놓는 걸세. 겨울, 봄 사이는 봄기운이 피어나는 시초가 되는 시기이므로 간괘艮卦의 뜻에 해당한다고 보는 거야.

곤坤은 땅인데, 땅은 만물을 태어나게 하고 기르는 데 힘을 가장 많이 쓰지. 따라서 계절에 비유하면 여름에 장성한 식물이 결실을 거두려 하는 시기인 여름, 가을 사이에 해당하네. 여름, 가을 사이는 한 해 가운데 가장 중요하고 노역勞役이 가장 많이 필요한 시기라고 할 수 있지. 그래서 곤괘를 남서쪽에 놓은 걸세.

30. 문왕이 만든 팔괘(2)

학생 문왕 팔괘도에서 이상한 점이 하나 있습니다. 남쪽, 북쪽, 동쪽, 서쪽에 각각 놓여 있는 리離, 감坎, 진震, 태兌 네 괘는 괘의 모습이 정반대인 것이 서로 반대쪽에 놓여 있는데, 간방間方에 있는 네 괘는 그것과 다릅니다. 예를 들어 동남쪽의 손괘巽卦와 북서쪽의 건괘乾卦는 모습이 서로 반대되지 않는데 정반대 방위에 놓여 있습니다.

백운 비유를 통해 대략적인 뜻을 말해 보겠네.

팔괘도를 볼 때도 여러 방면으로 뜻을 찾아서 관찰해야 하네. 팔괘 가운데는 체體가 되는 부분과 용用이 되는 부분이 있고, 주主가 되는 것과 객客이 되는 것이 있네. 문왕 팔괘 자체를 체·용으로 나누어 보면 동, 서, 남, 북 네 정방正方에 있는 괘는 용이고, 네 간방間方에 있는 괘는 체일세. 문왕 팔괘는 용을 주로 하는 팔괘이기 때문에 나타난 작용성을 가진 용괘가 네 정방正方에 있고, 그 작용성을 갖게 한 근본은 네 간방間方의 괘에 있다는 말이네.

문왕 팔괘도의 네 정방正方에 있는 괘는 용 중의 용이 되고, 그 밖의 네 괘는 용 중의 체가 되네. 그러므로 네 정방正方의 괘는 후천後天의 법칙으로 위치가 정해지고, 네 간방間方의 괘는 선천先天의 법칙으로 위치가 정해졌지. 다시 말해 네 정방正方의 괘는 서로 반대되는 두 괘가 십十자의 형상으로 대립하고 있고, 네 간방間方의 괘는 口자의 형식으로 대립하고 있는 걸세. 이처럼 口자의 형식으로 된 것이 체를 의미하고, 십十자의 형식으로 된 것은 용의 뜻을 표시한 것이라네.

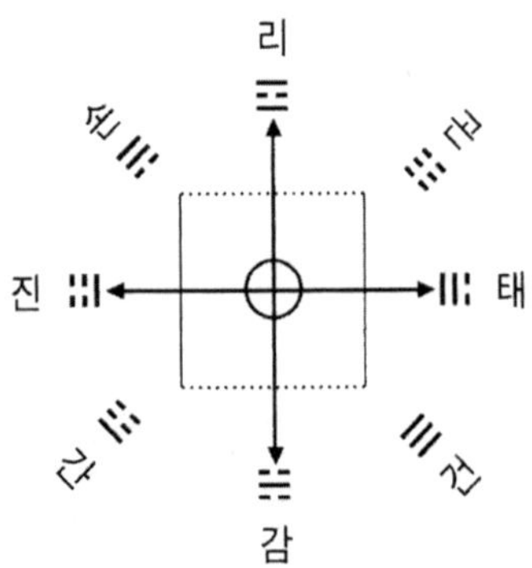

학생 왜 그런 두 종류의 형식으로 만들어졌을까요?

백운 우리가 집을 지으려면 사방에 口자 형태로 네 기둥을 세

위야 하고, 그 위에는 십十자 형태로 용마루와 서까래를 놓아야 하지. 문왕 팔괘에서 네 간방間方의 괘는 기둥이라고 할 수 있고, 네 정방正方의 괘는 용마루와 서까래라고 볼 수 있네.

31. 후천 세계는 오는가

학생 복희 팔괘와 문왕 팔괘 각각에 대해서는 어느 정도 짐작하겠는데, 두 팔괘의 관계인 선천先天, 후천後天의 관계는 아직 잘 모르겠습니다.

선생님은 선천先天 · 후천後天이 서로 체體 · 용用, 내內 · 외外, 표表 · 리裏 관계에 있는 동전의 양면 같은 것이라고 말씀하셨는데, 주역 공부를 하는 사람들은 일반적으로 선천과 후천은 별개의 것이고 선천이 바뀌어 후천이 되었다고 말합니다. 그리고 이렇게 달라진 것은 하늘의 운행 도수[天度]가 바뀌었기 때문이라고 하지요.

백운 그런 말을 하는 것은 선천 · 후천 관계를 확실히 알지 못해서일 거야. 지금이 선천 시대이고 앞으로 천지가 개벽[開闢]해서 후천 시대가 열린다고 말하는 사람들도 있지. 그러나 역사 이래로 하늘의 운행 도수가 바뀌었다는 말은 아직 듣지 못했네. 옛날의 해와 달이 오늘날의 해와 달이고, 옛날의 1년 365일이 오늘날의 1년 365일이지 않은가.

학생 하지만 기후는 많이 달라지지 않았습니까?

백운 그것은 하늘의 운행 법칙의 한 과정일 뿐일세. 기온 등이 변하는 것이 본래의 천도天度라는 말이지.

학생 선생님, 많은 도학자道學者들이 후천 세계를 예언하고 있고 그 징조가 하나 둘 나타나고 있다고 믿는 사람도 많습니다. 선생님은 미래에 절대 그런 일이 없으리라고 보십니까?

백운 후천 세계에 대한 주장은 현실에서 고통받는 사람들에게 희망을 안겨 주는 종교적인 의미는 있다고 생각하네. 하지만 만약 자연의 법칙이 바뀐다면 이 천지도 없어져 버리지 않을까? 그런 것은 그때에 가서야 알 수 있는 일일세. 천체도 하나의 물질이므로 무한하다고야 할 수 없겠지. 그렇다고 해서 세계의 종말을 상상하는 것을 의미 있는 일이라고 볼 수는 없네.

학생 잘 알겠습니다. 그런데 선생님은 자연의 법칙에 따라 인류의 역사나 문화가 변화한다고 생각하십니까, 아니면 자연과 인간 사회는 별개의 원리로 움직인다고 보십니까?

백운 나는 인류의 사상이나 정치, 문화도 자연의 법칙에 따라 좌우된다고 믿네.

학생 그 법칙을 알 수는 없을까요?

백운 주역의 하도河圖 · 낙서洛書, 선천先天 · 후천後天 관계를 깊이 이해하면 알 수 있다고 생각하네. 그 점에 대해서는 다음에 시간을 내서 이야기하기로 하고, 이제 주역의 수에 대해 알아보세.

32. 주역의 수(1) – 수의 음·양 구별

학생 보통 주역의 원리는 수에 실려 있다고들 합니다. 주역의 수는 일반적으로 사용하는 수와 어떻게 다릅니까?

백운 주역의 수의 원리란 하도河圖와 낙서洛書에 나오는 수에 대한 철학적인 논의를 말하는 걸세. 그러나 오랜 역학의 역사 속에서도 그 수의 원리를 구체화시킨 사람은 아무도 없네. 그저 수의 원리를 일면적으로 이용한 흔적만 있을 뿐이지. 그러므로 주역의 수는 스스로 연구하여 원리를 깨닫는 수밖에 없네.

주역의 수리는 수학에서 사용하는 수리와는 차원이 좀 다르지. 주역의 수리란 그 수가 이루어진 철학적인 원리를 말하는 거야. 주역의 수는 우주 자연의 법칙이 들어 있는 수라고 할 수 있지. 대자연계의 모든 사물과 현상이 나타나고 작용하여 변하는 유형

有形·무형無形의 모든 것이 수의 원리에 실려 있다고 보고, 그 수의 원리를 탐구하는 것이 주역의 수리일세.

학생 수의 음·양을 구별하는 것부터 시작해야 할 것 같은데요.

백운 수의 음·양은 우리가 일반적으로 짝수, 홀수라고 구분하는 방식으로 보면 되네. 1부터 10까지의 숫자 가운데 1, 3, 5, 7, 9는 양에 속하고 2, 4, 6, 8, 10은 음에 속하지.

학생 10을 넘는 수들도 홀수, 짝수에 따라 음·양을 구별하면 됩니까?

백운 대개 그렇지. 그러나 음수陰數 가운데도 음·양이 있고, 양수陽數 가운데도 음·양의 구별이 있네. 예를 들어 1, 3, 5, 7, 9 가운데 1과 3은 양 중의 양수이고, 7과 9는 음 중의 양수이며, 중

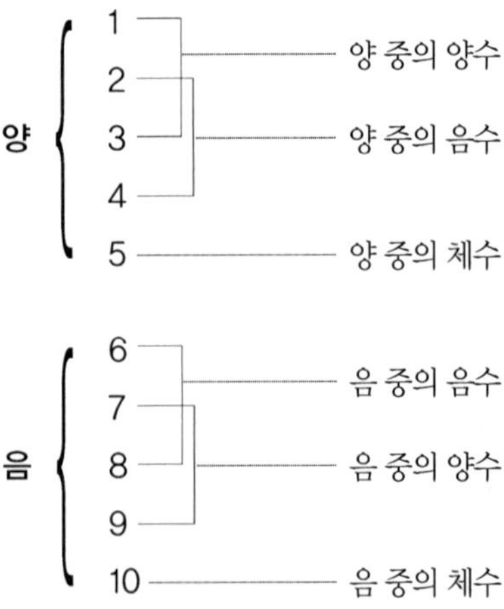

간의 5는 양 중의 체수體數가 되지. 그리고 2, 4, 6, 8, 10 가운데 2 와 4는 양 중의 음수, 6과 8은 음 중의 음수, 10은 음 중의 체수體 數라네.

수의 음·양을 구별하는 방법은 대개 이와 같네. 그러나 같은 양 중의 양수인 1과 3도 또 구별되고, 같은 양 중의 음수인 2와 4 에도 구별이 있네. 열 개의 수 하나하나마다 그 형상과 성질이 있 어 모두 다르지. 이 점에 대해서는 뒤에 이야기하겠네.

지금까지 열 개의 수를 예로 들어 살펴보았는데, 10보다 큰 수 들에도 각각 그 형상과 성질이 있네. 이 점에 대해서는 사상四象의 수를 공부할 때 이야기할 걸세.

학생 체수體數와 용수用數를 구별하는 방법이 잘 이해되지 않습 니다. 양 중의 체수體數는 5이고 음 중의 체수體數는 10이라고 하셨 는데, 열 개의 수 전체를 보면 가운데에 있는 5와 6이 각각 양수陽 數, 음수陰數의 체수體數가 될 것도 같습니다. 이 점에 대해 좀더 말 씀해 주십시오.

백운 앞에서도 말했듯이 한 수數에는 형질의 측면과 움직임의 측면이 있네. 그리고 형질의 측면에도 겉모습과 그것을 구성하는 원리가 있고, 움직임의 측면에도 외적인 운동의 형식과 내적인 작용·변화의 원리가 있지. 이처럼 하나의 수에도 음양陰陽·사 상四象적인 뜻이 있어서 수의 체體·용用을 볼 때도 어떤 것에 초 점을 맞추느냐에 따라 달라지네. 5와 10이 체가 되는 경우도 있고, 5와 6이 체가 되는 경우도 있는 거지.

학생 그러면 ‘5와 10’, ‘5와 6’ 가운데 어느 것이 형질의 측면에서 본 체수體數입니까?

백운 5와 10이 체體가 되는 경우는 형질의 측면에서 본 것이고, 5와 6이 체가 되는 경우는 움직임의 측면에서 본 걸세. 다시 말해서 열 개의 수數 각각의 뜻을 취해서 만물 생성의 법칙을 말할 때의 체수體數는 5와 10이고, 열 개의 수數 전체의 순차적인 연결성을 통해 운동의 형태를 말할 때는 5와 6이 체體가 되네.

학생 천체의 운행에서도 5와 6이 체體가 됩니까?

백운 그렇다고 보네. 5와 6이 서로 교차하여 한 달 30일이 되고, 30일의 6배는 180일이 되는데 180일의 음·양 양면을 더하면 1년 360일이 되지. 뿐만 아니라 5와 6이 서로 합쳐지거나 교차함에 따라 그 수數대로 기후에 변화가 생긴다네.

33. 주역의 수(2) – 기본수 열 가지

1과 2

백운 1은 말로 그 뜻을 표현하기가 가장 어려운 수數일세. 굳이 말한다면 1은 모든 수의 기본으로서, 가장 작은 동시에 가장 크고 가장 완전한 동시에 가장 부족한 수라고 할 수 있지. 주역에서 1은 태극太極을 표시하는 수, 다시 말해 우주의 생명을 나타내는 수라네. 그러므로 1을 완전히 알려면 우주를 알아야 한다고 말할 수 있지. 1은 모든 것의 근원, 모든 조화의 근본이 되는 수일세.

학생 2는 어떤 뜻을 가졌습니까?

백운 1의 움직임에 따라 2가 생기고, 2에서부터 모든 현상이 시작되네. 예를 들어 1을 변화의 체體라고 하면 2는 변화의 용用이 되고, 1을 한 생명의 원기元氣라고 하면 2는 그 분립分立일세. 1이 우리 마음의 이성理性이라면 2는 감정感情이고, 1이 태극太極이라면 2는 음양이지. 그러므로 1을 볼 때는 2가 있다는 것을 생각해야 하고, 2를 볼 때는 1이 있다는 것을 생각해야 하네. 또 2에는 변화의 절제, 대립, 고요함, 형상, 미완성이라는 뜻이 있다네.

3과 4

백운 3은 1이 신장伸長된 수이고, 4는 2가 신장된 수라네. 생명의 수 1이 3에 이르러 생명 구성의 작용을 하는 수가 되고, 상대의 수 2는 4에 이르러 생명이 나누어지고 형체를 이루는 수가 되네. 3이 움직임이면 4는 고요함이고, 3이 구성이면 4는 나누어짐이라네. 3을 세 단계라고 하면 4는 네 부분이고, 3을 상·중·하라고 보면 4는 전·후·좌·우이며, 3이 변동이라면 4는 분립分立일세.

학생 3은 1이 신장된 수이고 4는 2가 신장된 수라는 말씀이 무슨 뜻입니까?

백운 1×3=3이고 2×2=4인데, 여기서 1과 3은 승수, 피승수가 다 양수陽數이고 2와 4는 반대로 음수陰數이지. 이처럼 1과 3, 2와 4가 각각 동류同類의 수라는 뜻일세.

학생 3은 생명을 구성하는 수이고, 4는 생명의 형체를 이루는 수라는 데 대해 좀더 자세히 말씀해 주십시오.

백운 만물을 생성하는 측면에서 보면 3은 변화의 수이고, 4는 성형成形의 수이지. 그리고 형체의 측면에서 보면 3은 상·중·하 같은 단계를 이루고, 4는 전·후·좌·우 네 측면 같은 형상으로 나타나네. 3은 세로로 서고 4는 가로로 눕는 것이지. 또 3은 마디를 이루고 4는 가지를 뻗게 하네.

사람의 장부臟腑에 비유하면 3은 간肝이고 4는 폐肺가 되네. 또 코는 3의 이치로 이루어졌고 귀는 4의 이치로 이루어졌지. 사람의 몸에서 네 팔다리가 나누어진 것은 4의 이치에 따른 것이고, 각각의 팔다리에 세 마디가 있는 것은 3의 이치에 따른 걸세. 네 팔다리는 서로 상대가 되어 돕는 역할을 하고, 각각의 세 마디는 동작의 역할을 하지. 또 우리 몸의 머리, 몸통, 다리의 세 부분은 3의 이치로 되었고 귀, 눈, 입, 코 네 기관은 4의 이치로 되었다네.

지금까지 말한 것이 3과 4의 원리가 겉모습에 나타난 예일세.

학생 눈에 보이지 않는 현상에 빗대서도 말씀해 주셨으면 합니다.

백운 시간의 흐름에 비유해 보지. 1년에 봄, 여름, 가을, 겨울 사계절의 구별이 있는 것은 4의 이치에 따른 것이고, 3개월이 모여 한 계절을 이루고 30일이 모여 1개월이 되는 것은 3의 이치가 나타난 걸세.

5와 6

백운 5는 생성과 변화의 기본, 생명 운동의 주인이 되는 수일세. 하늘에서는 오성[五星 : 화성, 수성, 목성, 금성, 토성]의 이치가 되고,

땅에서는 오행五行의 성질이 되며, 사람에서는 오장五臟의 이치가 되지.

6은 5의 상대로서 서로 표表·리裏, 체體·용用이 되어 여읠 수 없는 관계에 있네. 5는 양陽이므로 활동적이고, 6은 음陰이므로 정적靜的이지. 5는 운동의 주체이고, 6은 운동의 마디일세. 5는 6을 얻어서 운동을 하게 되고, 6은 5를 얻어서 절도節度를 이루네.

학생 '5와 6'과 '3과 4'는 어떤 관계가 있을까요?

백운 3과 4는 외적外的이고, 5와 6은 내적內的이지. 3과 4는 서로 체體·용用이 되어 외면적인 운동을 하는데, 5와 6은 서로 주主·객客이 되어 내부적인 운동을 하네. 3과 4는 유형적인데 5와 6은 무형적이네. 3과 4는 상·하·좌·우의 형식으로 작용하는데 5와 6은 표表·리裏·내內·외外로 작용하네. 3과 4는 진퇴進退 운동을 하는데 5와 6은 승강昇降 운동을 하네. 이처럼 '3, 4'와 '5, 6'이 또한 서로 상대가 되고 체·용이 되어 변화 작용을 하는 걸세.

학생 잘 알겠습니다. 5와 6은 우리 몸속의 오장五臟 육부六腑와 관계가 있을 것 같은데요?

백운 그렇다네. 우리의 내장內臟에서 오장五臟이란 5의 이치이고, 육부六腑란 6의 이치일세. 오장은 안쪽에 있고 육부는 바깥쪽에 있는데, 오장은 내적인 작용을 통해 혈액의 순환을 도모하고 육부는 외적인 작용을 하여 기력氣力을 조절하지.

학생 그러면 사람의 정신도 5와 6의 원리로 작용합니까?

백운 아닐세. 우리 마음은 7과 9의 이치로 움직인다네. 형체가 있고 없음에 따라 그 수도 달라지는 거지.

학생 그렇게 일정하지 않으니 그것을 어떻게 다 알아내겠습니까?

백운 우주의 원리가 그렇게 간단하겠는가? 너무 서둘지 말게. 차츰 그 요령을 스스로 깨닫게 될 테니까.

7과 8

백운 7은 양수陽數이고 8은 음수陰數이므로 7은 움직임이 되고 8은 고요함이 되네. 또 7은 속마음이고 8은 겉모습이지. 사람에 비유하면 7은 우리 얼굴의 일곱 구멍이 생겨난 원리이고, 8은 우리 몸의 여덟 측면의 분별을 뜻하네. 여기서 일곱 구멍[칠규七竅]이란 귀, 눈, 코의 각 두 구멍과 입을 합친 것을 말하고, 여덟 측면이란 상·하·좌·우·전·후·표·리를 말하네.

7은 하늘의 해, 달과 화火, 수水, 목木, 금金, 토土 오성五星을 합한 칠요七曜라는 것이 되고, 8은 지상의 여덟 방위가 되네. 또 사람의 마음에서 7은 칠정七情이 되고 8은 팔식八識이 되네.

우리의 정신은 7×7=49라는 49의 이치로 작용하고, 8은 8×8=64가 되어 64괘와 같이 64의 이치로 분별상을 나타낸다네.

9와 10

백운 9는 3의 이치가 신장伸長된 수數이고, 10은 1의 이치가 넓어진 수數인데 10은 1의 이치와 거의 같은 수라네. 9는 이미 말했듯이 구궁九宮과 같은 뜻을 가졌는데 우리 몸이 세 부분, 아홉 단계로 이루어진 이치와 같고, 1은 공간을 의미하는 수로서 관계하지 않는 데가 없으면서도 나타남이 없는 수이지. 그리고 9는 우리 몸에 아홉 개의 구멍이 있는 이치에 해당하고, 심령心靈이 아홉 단계로 변화[구변九變]하는 작용에도 해당하는 수라네.

학생 우리 몸이 아홉 단계로 구성되었다는 것은 앞에서 팔괘가 각각 3효로 된 원리를 배울 때 들어서 알고 있습니다. 그런데 우리 몸의 아홉 구멍이란 무엇을 가리키는 것입니까?

백운 얼굴의 일곱 구멍에다 하체의 두 구멍을 합친 걸세. 그런데 이 아홉 구멍 가운데 얼굴의 일곱 구멍은 정신적인 작용을 하고, 하체의 두 구멍은 물질을 배설하는 일을 하지.

학생 선생님께서 7과 9의 이치로 우리의 정신 작용이 이루어진다고 하셨는데, 그 점에 대해 말씀해 주십시오.

백운 사람의 감정적인 마음은 일곱 가지로 나누어지는데 그것을 칠정七情이라고 하지. 칠정은 우리 얼굴의 일곱 구멍[七竅]에 대응하며, 하늘에 칠성七星이 있고 태양에 칠색七色이 있는 것과 같은 이치일세. 이처럼 우리의 마음에 일곱 가지 분별이 있고, 그것이 작용하는 법칙도 7의 이치에 따른다는 말이네.

9는 우리의 정신 가운데 영靈적인 작용과 관련이 있네. 영적인 작용에는 본래 세 가지의 구별이 있는데, 그 삼령三靈이 또 각각 3단계로 작용하여 모두 9단계로 나누어진다네.

학생 삼령三靈이 무엇입니까?

백운 앞에서도 말했지만 영靈의 단계는 이치로 파악되지 않는다네. 그래서 더 이상 말로 표현할 수는 없고, 자신의 체험과 추리를 통해 짐작할 수밖에 없네.

옛부터 사람의 정신에는 삼혼三魂 칠백七魄이 있다고 말해왔지. 여기서 삼혼三魂이란 삼령三靈과 같은 말이고, 칠백七魄은 칠정七情과 같은 말일세. 그리고 사람의 인식 작용에서 '옳으냐→ 그르냐→ 판단'과 같은 이치가 하나의 형상으로 나타나는 것이 삼혼三魂이라고 할 수 있네.

학생 그것은 정신 작용의 3단계를 말하는 것인데, 어떻게 각각 별개의 것으로 보아 '삼혼三魂'이라고 할 수 있을까요?

백운 형체가 없는 이치는 본래 개별적인 것이 아니지만 일단 형상이나 물체로 나타나면 별개의 것이 된다네. 예를 들어 사물의 소리를 듣는 우리 마음이 나타나면 색色으로는 흰색이 되고, 형상으로는 귀의 모습이 되는 걸세. 나타나기 전에는 별개의 것이 아니지만, 일단 나타나면 서로 다른 형상이 되는 거지.

34. 주역의 수(3) – 기본수의 상호 관계

학생 지금까지 살펴본 열 개의 수數에 대해 종합적으로 다시 한 번 말씀해 주셨으면 합니다.

백운 1부터 10까지 열 개의 수는 수의 기본이 되는데, 열 개의 수의 원리가 서로 관계하여 우주 삼라만상을 이룬다네. 열 개의 수는 서로 여러 가지 형태로 작용을 하지.

서로 더하기도 하고 빼기도 하며, 서로 대립하기도 하고 돕기도 하며, 서로 체體·용用이 되기도 하고 주主·객客이 되기도 하며, 올라가기도 하고 내려가기도 하며, 나아가기도 하고 물러나기도 하며, 발산하기도 하고 흡수하기도 하네.

여기서 그 이치를 하나하나 예를 들어 말할 수는 없고, 단지 핵심만 간단히 이야기하겠네.

1 - 생명의 주인

2 - 생명의 대립

3 - 생명의 단계

4 - 생명의 분별상

5 - 생명의 변화

6 - 생명 변화의 절도

7 - 정신의 작용

8 - 여덟 가지의 분별상

9 - 정신 + 육체의 종합적인 작용

10 - 조화

1, 2, 3, 4, 5 - 생명의 씨앗을 탄생시킴

6, 7, 8, 9, 10 - 형체를 이룸

1, 3, 5, 7, 9 - 외부에 작용

2, 4, 6, 8, 10 - 내부에 작용

1, 3, 7, 9 - 뒷면

2, 4, 6, 8 - 앞면

1, 3 - 뒷면의 아래쪽에 작용

2, 4 - 앞면의 위쪽에 작용

6, 8 - 앞면의 아래쪽에 작용

7, 9 - 뒷면의 위쪽에 작용

5, 10 - 앞ㆍ뒤, 위ㆍ아래의 작용의 조화

2, 4, 8 - 나누어지고 형상을 이룸

3, 6, 9 - 성립과 운동의 수

1, 5, 7 - 물질ㆍ정신 양면의 주인

이처럼 열 개 수의 원리가 다각적으로 변화함으로써 자연의 오
묘한 조화를 만들어 내는 것이라네.

35. 주역의 수(4) - 사람의 운명

학생 수의 원리를 공부하다 보니, 주역이란 조물주의 섭리를 나타낸 것이라는 생각이 듭니다. 그리고 사람을 비롯한 만물은 어떤 커다란 범주 안에서 태어나고 살고 죽는 것이 아닌가 싶습니다.

백운 어떤 범주라기보다는 어떤 법칙에 따라 생성生成, 사멸死滅한다고 말하는 게 더 정확하지.

학생 그러면 사람을 비롯한 만물은 이미 정해진 운명運命에 귀결되는 것입니까?

백운 그렇다고 보네. 그러나 내가 말하는 것은 마음까지도 포함한 큰 범위의 이성적理性的인 운명을 뜻하는 걸세. 그러므로 마음은 자기의 자유 의식이라고 보고, 물질적인 측면만 가지고 말하는 운명론과는 좀 다르네.

학생 선생님께서 우리 마음도 자연의 법칙에 따라 작용한다고 여러 차례 말씀하셨지만 저는 아직도 확신이 서지 않습니다. 좀 더 실제적인 예를 들어 주셨으면 합니다.

백운 의심이 가시지 않는 것도 무리는 아니야. 스스로 확실히 깨닫고 많은 체험을 얻기 전에는 잘 믿기지 않을 걸세. 앞에서 말한 대로 우리 몸의 귀, 눈, 입, 코라는 네 감각 기관은 수의 원리에 따라 생겼고, 네 기관이 각각 작용할 수 있는 대상 또한 수의 원리에 따라 나타나 있는 걸세. 귀, 눈, 입, 코는 물론 그 대상인 소리, 색, 맛, 냄새도 각각 수數의 원리로 생겨난다는 말이지.

학생 그것들이 각각 어떤 수로 이루어졌습니까?

백운 귀는 9, 눈은 7, 입은 6, 코는 8의 원리로 되었네. 마찬가지로 소리는 9, 색은 7, 맛은 6, 냄새는 8이라는 수를 가졌지. 뿐만 아니라 소리나 색에도 각각 수적인 분별이 있다네.

색 가운데 누런색은 5의 이치로 되고, 빨간색은 7의 이치로 되는 등 소리, 색, 맛, 냄새 각각에도 여러 가지 수적인 구별이 있지. 나아가 사람의 감정까지도 수의 이치로 작용한다네.

학생 사람의 감정이 수의 이치로 작용하는 실례를 들어 주실 수는 없을까요?

백운 말로 표현하기는 좀 어렵군. 앞에서 말한 대로 우리의 감정을 형상에 비유하면 하늘의 태양이나 칠성七星과 같고, 사물의 색으로 말하면 붉은색에 속하네. 태양의 광선에 일곱 가지 색의 분별이 있는 것과 같이 사람의 감정에도 칠정七情이라는 분별이 있는데, 그 7이라는 숫자가 감정의 수일세. 사람의 감정은 7을 기본으로 해서 작용한다는 말이지.

학생 감정은 왜 하필 7이라는 수數를 가졌을까요?

백운 음양陰陽이 사상四象으로 나누어지는 것과 같이 감정도 본래 네 가지로 나누어지네. 그런데 그 네 가지 감정의 형태가 서로 교합해서 마치 중간색과 같은 세 가지 형태를 다시 만들어 내게 되지. 이것들을 모두 합쳐 칠정七情이라고 하는 걸세.

이처럼 사람의 감정은 기본적으로 네 가지로 나누어지고, 그 사이에 또 세 가지 형태가 있는데, 중간에 나타나는 세 가지 감정은 그 분별이 확연하지 못하다네. 그러므로 여기서는 기본적인 네 가지 감정만을 가지고 이야기하겠네.

학생 기본적인 네 가지 감정이란 무엇입니까?

백운 기쁨, 노여움, 슬픔, 두려움을 말하네.

'기쁨'은 화火에 속하고, 색에 비유하면 붉은색이며 그 수는 7이네. 왜 '기쁨'을 화火에 속한다고 볼까? 우리 마음이 즐겁고 웃음이 날 때는 얼굴에 붉은색이 돌고 빛이 나며 확 퍼지는 것을 알 수 있지. 그것은 '기쁨'이라는 감정이 화火의 성질이기 때문이라네.

'노여움'은 목木에 속하고, 푸른색과 8에 해당하네. 우리는 몹

감정	색	오행	수
기쁨	붉은색	화	7
노여움	푸른색	목	8
슬픔	흰색	금	9
두려움	검은색	수	6

시 화가 나면 얼굴색이 푸른빛으로 변하지.

'슬픔'은 금金에 속하고, 흰색과 9에 해당하네. 오래 슬퍼하면 우리 얼굴이 창백해지지.

'두려움'은 수水에 속하고, 검은색과 6에 해당하네. 갑자기 무서운 일을 당하면 얼굴이 검은빛으로 변하지.

이런 점들만 보아도 우리의 감정이 사물의 색깔처럼 일정한 수의 법칙에 따라 움직인다는 것을 짐작할 수 있네. 우리의 마음까지도 우리가 알지 못하는 가운데 어떤 원리에 의해 지배되고 있는 걸세. 그런데 여기서 그 원리라는 것이 나의 대상이 아니라 바로 나 자체라는 사실을 깨달아야 하네. 자네, 이 점을 명심하기 바라네.

지금까지 비유를 통해 말한 것을 가지고 잘 연구해 보면, 사람의 마음도 어떤 법칙에 따라 작용한다는 믿음을 갖게 될 걸세.

36. 주역의 수(5) - 사상의 수

　　학생 사상四象의 수數란 무엇입니까?

　　백운 사상의 수란 별다른 것이 아니고 낙서洛書의 수를 말하는 걸세. 사상의 수는 1부터 10까지의 수 가운데 6, 7, 8, 9 네 수를 사상에 배치한 것인데 6은 태음수太陰數, 7은 소양수少陽數, 8은 소음수少陰數, 9는 태양수太陽數라고 하지.

　　학생 수의 크기로 볼 때, 9가 태양太陽이라면 8이 태음太陰이 될 것 같은데 왜 6이 태음太陰이 됩니까?

　　백운 그것은 음양陰陽이 순順, 역逆하는 관계에 따른 걸세. 음양陰陽의 순·역이란 양은 순행順行하고 음은 역행逆行한다는 말이지. 일에 비유하면 순順이란 작은 데에서 큰 데로 이르는 순서를 말하고, 역逆이란 큰 데서 작은 데로 이르는 순서를 말하네. 또 천체의

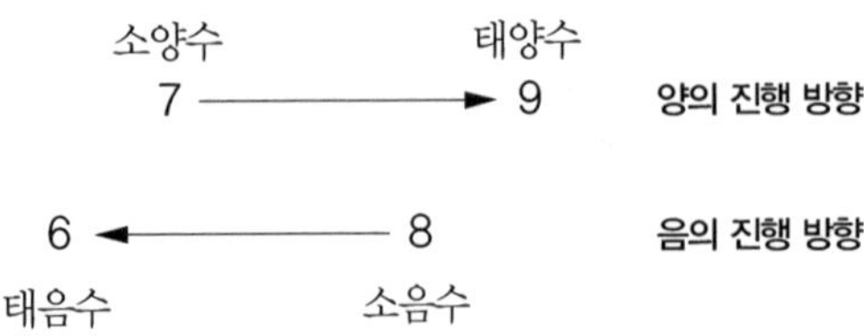

회전 운동에 비유하면 왼쪽에서 오른쪽으로 회전하는 것이 순順
이고, 오른쪽에서 왼쪽으로 회전하는 것은 역逆이라네. 이처럼 수
에서도 6, 7, 8, 9의 순서를 순順이라고 하고 9, 8, 7, 6의 순서를
역逆이라고 하지.

이와 같이 순·역의 법칙에 따라 사상四象의 수도 순서가 정해
지네. 소양少陽 - 7, 태양太陽 - 9라는 순서는 양陽이 순행順行하는 법
칙으로 되었고, 소음少陰 - 8, 태음太陰 - 6이라는 순서는 음이 역행
逆行하는 법칙으로 된 걸세.

학생 예, 그런데 왜 반드시 그렇게 순행하고 역행해야만 할까
요?

백운 그것은 인위적인 것이 아니라 자연의 법칙일세. 만물이
모두 대립적으로 이루어지므로 음과 양이 서로 반대로 작용하는
것은 어찌할 수 없는 일이지.

물과 불에 한번 비유해 보세. 물은 성질이 차갑고 무거워서 항
상 아래로 흐르는 성질이 있는 데 비해 불은 아래에서 위로 올라
가는 성질이 있질 않나. 음과 양도 물과 불의 성질처럼 서로 엇갈

리게 작용하는 것이라네.

학생 그런데 사람으로 말하면 남자는 양, 여자는 음인데 남자와 여자가 서로 반대되지 않는 점도 많지 않습니까?

백운 그렇게 물을 만도 하군. 우주 안의 모든 사물과 현상은, 변하지 않는 근본과 변화의 이치라는 양면으로 되어 있네. 이것도 또한 음과 양이 서로 상대되는 원리에 따른 것이지. 그래서 남자와 여자는 서로 같은 점도 있고 다른 점도 있는 걸세. 남자건 여자건 사람이라는 생명체인 점은 같으므로 생명을 유지하기 위한 기관도 다 같은데, 단지 생명을 위해 활동하는 방식이나 성질은 달라지는 거지. 그러므로 남자와 여자는 인간의 두 측면이라고 보아야겠지.

학생 예. 이제 사상의 수가 순행 · 역행의 방식으로 이루어져야 하는 이유를 알겠습니다. 그것은 음과 양이 서로 교차하여 흐르고 변하는 원리를 따른 것이지요.

백운 변화의 원리에는 불변의 원리도 함께 있다는 것을 잊으면 안 되네. 음양의 변화는 '불변'을 위한 '변화'이기 때문일세.

학생 그런데 선생님, 음과 양이 서로 엇갈려 작용하는 데에도 여러 가지 형식이 있을 것 같은데요.

백운 그렇다네. 음과 양이 순 · 역하는 이치는 크게 좌우 순역順逆과 상하 순역順逆으로 나누어지지. 좌우 순역이란 어느 하나가 왼쪽에서 오른쪽을 향해 진행하면, 다른 하나는 오른쪽에서 왼쪽을 향해 진행한다는 뜻이네. 그리고 상하 순역이란 어느 하나가 위에서 아래를 향해 하강하는 데 대해 다른 하나는 아래에서 위로 상승하는 것을 말하네.

학생 두 가지가 어떻게 다른 것인지요?

백운 좌우 순역이 외면적 · 지엽적인 순역이라면, 상하 순역은 내의적內意的, 근본적인 순역일세. 다시 말해 좌우 순역은 그 정도가 가벼운 것이고 상하 순역은 그 정도가 심한 것이네. 좌우 순역은 외형적인 변동이고 상하 순역은 질적인 변환이지.

학생 사물에 따라 순역의 종류와 방식이 달라지는 이유는 무엇일까요?

백운 하나의 사물이 생성되는 과정을 한번 생각해 보세. 처음에 음 · 양이라는 대립적인 현상이 생기고, 그것이 점차 진전되어 상, 하, 좌, 우를 갖춘 형상을 이루게 되지. 그 다음에는 평면적이던 것이 발전해 입체가 되는데, 이렇게 구성된 물체에는 구체, 삼면체, 육면체 등 다양한 형상이나 형체가 있네.

이처럼 발전 단계에 따라 사물 가운데는 좌우의 이치나 좌우의 상象만 가진 것도 있고 상, 하, 좌, 우를 완전히 갖춘 것도 있게 되지. 따라서 좌우 순역의 이치만 가진 사물도 있고, 상하 순역 · 좌우 순역의 이치를 모두 갖춘 사물도 있는 걸세. 또한 체적을 가진 물체 가운데는 표表와 리裏가 순역의 이치로 된 것도 있다네.

37. 사상의 수와 오행의 수

학생 사상四象의 수를 하도河圖에 있는 오행의 수와 비교해 보면, 좀 이상한 것이 있습니다. 오행의 수는 6 - 수水, 7 - 화火, 8 - 목木, 9 - 금金으로 되어 6 - 수水와 7 - 화火 그리고 8 - 목木과 9 - 금金이 각각 상대방에 있지요. 그런데다 수水와 화火의 성질이 정반대인 점으로 보아도 6 - 수水가 '태음太陰'이라면 7 - 화火는 '태양太陽'이 되어야 할 것 같습니다. 그런데 사상의 수에서는 왜 6 - 수水 가 태음太陰이고 9 - 금金이 태양太陽입니까?

백운 그런 의문이 드는 것은 자네가 아직 사상과 오행을 확실히 알지 못하기 때문일세. 사상의 수와 오행의 수는 엄연히 다르네. 그것은 하도와 낙서, 선천과 후천이 다른 이치와도 같지.

사상의 수는 수의 드러난 뜻으로 된 것이고, 오행의 수는 수의 속뜻으로 된 걸세. 또 사상의 수는 대립적인 이치로 되었고, 오행의 수는 화합적인 변화 · 생성의 이치로 된 것일세. 그러므로 사상의 수를 오행의 성질에 맞추어 생각하면 안 되네.

그런데 사상과 오행의 관계를 일면적으로 단정해서 말할 수는 없다네. 왜냐하면 사상의 속뜻에는 오행의 이치가 들어 있고, 오행의 드러난 뜻에는 또 사상의 이치가 갖추어져 있기 때문이지.

이것은 정말 한마디 말로 표현하기 어려운 점이라네. 예를 들어 순행 · 역행으로 말하더라도 사상의 순역과 오행의 순역은 다르다네. 사상의 순역은 외적인 순역이고 오행의 순역은 내적인 순역이며, 사상의 순역은 좌우적인 순역이고 오행의 순역은 표리表裏적인 순역이지. 사상은 7, 9, 8, 6 이라는 순서로 순행 · 역행하는 데 대해 오행은 생生은 1 - 양陽, 성成은 6 - 음陰과 같이 내양內陽 · 외음外陰이라는 형식의 내內적이고 질質적인 순역을 한다네.

이처럼 음양 변화의 법칙이란 일면적으로 꼭 이렇다고 단정할 수 없는 걸세. 이것이 주역에서 가장 어렵고도 오묘한 점이지. 그래서 핵심을 잡지 못하고 들으면 마치 그때그때 꾸며 대는 것같이 생각된다네.

내가 자네에게 이런저런 측면들을 들어 이야기하는 것도 말로 표현할 수 없는 심오한 뜻을 짐작할 수 있도록 하기 위해서야. 그리고 내가 자네의 질문에 대답하는 형식으로 대화하는 것도, 스스로 탐구하다가 정 모르는 것을 마음속으로 갈구하듯 알고 싶어

할 때라야 내가 하는 말을 깨달아 알 수 있기 때문일세. 이렇게 서로 마음이 오가지 않으면 아무리 말을 잘한다 해도 주역의 깊은 뜻을 알아듣게 할 수는 없는 일이라네.

학생 네. 감사합니다. 사상의 수와 오행의 수의 관계를 어떤 현상에 비유해서 좀더 말씀해 주셨으면 합니다.

백운 태양과 지구의 관계에 비유해 보세. 태양과 지구의 관계에서도 그 뜻을 취하는 방법이 여러 가지일세. 태양을 볼 때는 첫째로 지구의 운동이라는 면을 보아야겠고, 다음에는 태양의 성질이라는 면을 보아야 하지. 그런데 지구의 운동에도 자전과 공전이라는 양면이 있고, 태양의 성질에도 빛과 열이라는 양면이 있네. 이것이 태양과 지구의 관계에서 사상적四象的인 분별일세.

이런 태양·지구 관계의 네 측면은 각각 다른 형식과 뜻을 가지고 있네. 자전과 공전을 가지고 생각할 때 자전은 지구 자체의 내內적인 생명 운동이고, 공전은 외적인 대상을 두고 무언가 다른 목적을 위해서 하는 운동이지. 또 자전은 위치가 달라지지 않고 스스로의 표면·이면으로 음과 양이 순역하는 현상을 나타내는데, 공전은 위치의 변화에 따른 음양·사상의 형태를 나타낸다네.

학생 공전이 위치의 변화에 따른 음양·사상의 형태를 나타낸다는 것은 사계절을 말하는 것입니까?

백운 그렇지. 지구의 공전에서 태양이 남쪽에 있으면 겨울이 되고, 동쪽에 있으면 봄, 북쪽에 있으면 여름, 서쪽에 있으면 가을이 되는 것을 가리키네. 그런데 위치에 따른 네 가지 구별은 사상과 같고, 그 위치에 따라 추운 기운과 더운 기운이 교류하고 변화하는 성질은 오행과 같다네.

학생 그러면 태양의 내적인 성질에서 빛과 열은 어떻게 다릅니까?

백운 빛은 직선으로 반사되고, 그 대립물이라고 할 수 있는 반사체에 의해 삼각형으로 반사되는 성질이 있어서 분리된 현상을 나타내지. 반대로 열은 그 상대인 찬 기운과 교류하고 화합하는 성질이 있네. 따라서 빛의 이치는 사상적四象的이고, 열의 이치는 오행적五行的이라네. 이처럼 태양의 성질에도 사상·오행의 구별이 있지.

지금까지 이야기한 것을 요약하면 이렇네. 지구의 자전은 오행의 본뜻[體]이 되고, 태양의 열은 오행의 쓰임새[用]가 되네. 또 지구의 공전에서 위치의 변화에 따라 나타나는 현상은 사상의 본모습[體]가 되고, 태양이 빛을 쏘는 것은 사상의 활용 형식[用]이 되네. 이와 같이 사상의 수와 오행의 수의 관계도 내외적內外的으로 그 형식이 달라지는 걸세.

38. 사상의 수와 팔괘

학생 6, 7, 8, 9라는 사상의 수와 팔괘는 어떤 관계가 있습니까?

백운 팔괘는 각각 사상의 수의 원리로 이루어졌네. 그런데 그 점을 이해하려면 음·양의 기본수를 먼저 알아야 하지. 음·양의 기본수란 사상의 수를 기산起算하는 원수原數를 말하는데, 음은 2를 기본으로 하고 양은 3을 기본으로 해서 기산하는 것을 가리키네. 1을 태극수太極數라 하고 2를 음수의 처음으로 하며 3을 양수의 처음으로 하지. 따라서 사상의 수도 2와 3을 기본으로 하여 산출하네.

학생 사상의 수를 산출하는 방법을 말씀해 주십시오.

백운 팔괘 그림을 보면서 이야기하세.

먼저 건괘乾卦를 볼까? 건괘는 양효陽爻 세 개로 되어 있는데, 양

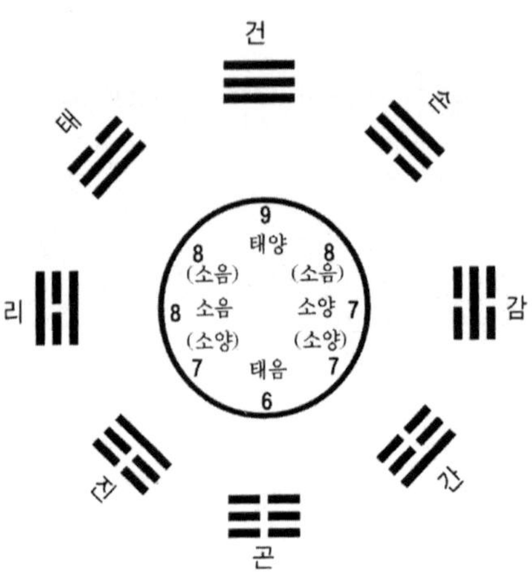

효 한 개의 수는 3이네. 이것은 양의 기본수가 3이라는 데 따른 걸세. 그러므로 건괘를 이루고 있는 양효 세 개의 수를 더하면 9가 되지. 그래서 건괘는 태양수太陽數 9로 이루어졌네.

곤괘坤卦는 음효陰爻 세 개를 가졌는데, 음효 한 개의 수數는 2이지. 그러므로 곤괘坤卦는 태음수太陰數 6으로 이루어졌네.

리괘離卦는 음효陰爻 한 개와 양효陽爻 두 개로 되어 있으므로 소음수少陰數 8로 이루어졌네.

감괘坎卦는 양효陽爻 한 개와 음효陰爻 두 개로 되어 있으므로 소양수少陽數 7로 이루어졌네.

나머지 괘들도 마찬가지 방법으로 되어 있지.

학생 '태양수太陽數 36, 태음수太陰數 24, 소양수少陽數 28, 소음수

少陰數 32'라고 하는 또 다른 사상四象의 수數가 있다는 말을 들었습니다.

백운 그건 별도의 것이 아니라 사상의 수를 더 늘리는 데 지나지 않네. 다시 말해 사상의 수의 기본인 6, 7, 8, 9에 각각 4를 곱해서 얻은 수일세.

학생 4를 곱하는 이유가 무엇입니까?

백운 그것은 사상의 수 각각에도 또 사상의 이치가 있다는 뜻일세. 봄, 여름, 가을, 겨울 사계절이 있어야 1년이 완전무결하게 성립하는 것처럼 수도 네 측면의 이치를 얻어야 하나의 완전히 갖추어진 수가 되는 것이지.

학생 수에 완전, 불완전이 있다는 것이 좀 이상합니다.

백운 자네는 아직 우리가 일상적으로 써오던 수數에 대한 관념을 버리지 못해서 그런 생각이 드는 걸세. 수도 자네 몸과 마찬가지야. 자네 손에 손가락이 네 개만 있다면 그것을 완전한 손이라고 할 수 있겠나?

학생 예. 알겠습니다. 『주역』에는 또 '건乾은 216, 곤坤은 144'라는 말이 있는데요?

백운 그것은 태양수太陽數 36과 태음수太陰數 24에 각각 6을 곱해서 얻은 수라네. 여기서 6을 곱하는 것은 64괘의 각 괘가 여섯 개의 효로 이루어진 것과 같은 이치이지.

학생 앞에서는 사상의 수에 각각 4를 곱했는데 이번에는 6을 곱하는군요. 그 차이가 무엇인가요?

백운 4를 곱한 것은 수가 형체를 이루는 것을 뜻하고, 6을 곱하는 것은 수의 작용하는 성질을 의미하네. 팔괘에서 8은 여덟 측면의 형체를 이루는 것을 뜻하고, 대성괘大成卦 각 괘의 6효는 동動적인 작용을 뜻하지. 이 같은 의미로 사상의 수에 4와 6을 곱해서 수를 늘리는 걸세.

지금까지 말한 방법으로 '건乾은 216, 곤坤은 144'라는 수가 나오네. 그리고 건과 곤의 수를 더하면 360이 되는데 이것은 원圓의 360도, 1년의 360일과 같지.

학생 아, 정말로 주역의 수가 천체의 운행과 맞아 들어가는군요. 그런데 1년을 360일이라고 하신 것은 무슨 이유입니까?

백운 우리가 지금 쓰는 역법曆法은 태양太陽만을 표준으로 한 태양력일세. 그래서 지구의 공전 주기만 가지고 계산하여 1년 365일이 되는 거지. 그러나 달이 1년 동안 열두 차례 둥글게 되는 날 수로 보면 354일 남짓밖에 되지 않네. 따라서 해와 달이 1년 동안 운행하는 날수를 평균 내면 원圓의 도수와 같은 360일이 되는 거야.

학생 그렇군요. 하지만 현대에 와서 달의 운행 도수를 역법에 반영하지 않는 것은 그것이 별로 중요하지 않기 때문은 아닐까요?

백운 물론 태양이 중요하지. 그러나 태양의 빛과 열만으로 지구상의 생물이 살아가는 것은 아니라네. 태양이 작용하는 이면을 보지 않으면 안 되지.

학생 건乾과 곤坤의 수를 더해서 360이 되는 것과 같이 태양수太陽數 36과 태음수太陰數 24를 더하면 60이 됩니다. 60이라는 수에는 어떤 뜻이 있습니까?

백운 60은 천체 운행의 기본이 되는 수라네. 그래서 옛부터 60갑자甲子를 만들어 자연의 조화를 알아내는 방법으로 사용했지. 60갑자에 관해서는 주역의 수를 다 살펴본 다음에 이야기하겠네.

39. 천지의 수와 대연의 수

학생 『주역』의 「계사 상繫辭上」을 보면 '만물萬物의 수數는 1만 1520'이라는 말이 있습니다. 이 수는 어떻게 나온 것입니까?

백운 만물을 가리키는 64괘의 총 효수爻數는 64×6＝384효일세. 이 가운데 양효陽爻와 음효陰爻가 각각 192개씩이지. 이 양효와 음효의 총수總數에 각각 태양수太陽數 36과 태음수太陰數 24를 곱해서 둘을 합치면 1만 1520이 나오네. 만물의 수는 이렇게 산출된 거라네[192×36＋192×24＝11520].

『주역』에는 또 이런 말도 있네. "하늘은 1, 땅은 2, 하늘은 3, 땅은 4, 하늘은 5, 땅은 6, 하늘은 7, 땅은 8, 하늘은 9, 땅은 10이니 하늘의 수도 다섯 개이고, 땅의 수도 다섯 개이다. 하늘의 수 다섯 개와 땅의 수 다섯 개를 각각 더하면 하늘의 수는 25요, 땅의 수는 30이다. 무릇 천지天地의 수는 55이니, 이것이 변화를 이루고 귀신의 조화를 일으키는 것이다.”

학생 천지의 수 55가 변화를 이루고 귀신의 조화를 일으킨다는 말이 무슨 뜻입니까?

백운 천지의 수 55가 서로 더해지기도 하고 곱해지기도 함으로써 만물이 생성·변화하는 조화로운 작용을 일으킨다는 뜻이네. 『주역』에서 ‘귀신鬼神’이라는 말은 죽은 사람의 영혼이라는 뜻이 아닐세. 음陰을 귀鬼라 하고 양陽을 신神이라 하여 음양陰陽의 조화로운 작용을 뜻하는 거라네.

학생 천지의 수 55에 자연의 조화가 모두 들어 있다는 말은 좀 막연하게 느껴집니다.

백운 그럴 수도 있지. 하지만 하도河圖가 55라는 수로 이루어진 것을 보면 막연하다고만 할 수는 없지 않을까?

학생 『주역』에는 또 ‘대연大衍의 수는 50인데, 실제로 쓰는 것은 49이다.’라는 말이 있습니다. 여기서 대연大衍이란 말이 무슨 뜻입니까?

백운 연衍자는 ‘퍼지다’, ‘넓히다’라는 뜻을 가졌으므로 대연大衍이란 ‘크게 넓혔다’는 말이지. 그것은 곧 5를 10배했다는 의미라네.

학생 왜 하필 5에 10을 곱하고, 또 10을 곱하는 것을 왜 크게 넓혔다고 말합니까?

백운 5는 음·양의 기본수이고, 하도河圖와 낙서洛書의 중앙수일세. 그러므로 5를 기본으로 한 것이지. 또 10은 1에서 10까지의 수 가운데 가장 큰 수이므로 10을 곱하는 것을 대연大衍이라고 하네.

학생 천지의 수 55와 대연의 수 50은 어떤 관계가 있습니까?

백운 천지의 수 55는 천지의 체수體數와 용수用數를 겸한 수이고, 대연의 수 50은 체수 5를 빼고 용수만 이야기한 걸세. 여기서 체수 5란 하도의 중앙수를 가리키지.

학생 대연의 수 50 가운데 실제로 쓰는 것은 49라 하여 1을 또 빼는 이유는 무엇입니까?

백운 그 1은 대연大衍의 수數에 대한 체수體數를 의미하네. 체수는 작용상으로 이렇다 하고 나타나는 것이 없으므로 '체體는 불용不用'이라 하여 쓰지 않지. 1을 체수라고 하는 것은 태극太極의 수가 1이라는 뜻과 같네.

대체로 체體라는 말에는 부동不動이라는 뜻이 있고, 용用에는 동적動的이라는 뜻이 있지. 그런데 대연의 수 50은 짝수이고 그 용수인 49는 홀수네. 그러므로 짝수인 50은 1을 내놓아야만 홀수가 되어 작용·변화를 할 수 있다는 의미로 1을 빼는 것이라네.

40. 육갑이란?

학생 이제 주역의 수에 대한 공부를 마쳤으니, 육십갑자에 대해 말씀해 주십시오.

백운 육십갑자는 음양학陰陽學에서 가장 중요시하는 것 가운데 하나이고, 또 일반인들이 의문스러워하는 것 가운데 하나이니 한 번 이야기해 보기로 하세.

학생 오늘날 유행하는 사주四柱, 택일擇日 등이 다 육갑六甲으로 하는 것이지요?

백운 음양陰陽 술수術數는 대개 육갑을 응용하지. 그러나 우리가 공부하는 것은 음양 술수가 아니므로 여기서는 육갑의 수적인 원리만 말하려 하네.

육갑六甲은 6이라는 수의 원리를 이용한 것인데, 앞에서도 말했듯이 6은 운동·변화의 절도節度가 되는 수이지. 다시 말해 자연계의 모든 변화·작용이 천체 운동의 절도에 따라 이루어지므로 그 절도의 수인 6을 이용하는 걸세.

그리고 운동의 마디와 마디 사이의 변화·작용은 5의 원리인 오행성五行性에 따라 이루어지네. 곧 5는 운동·변화의 주인이고, 6은 그 기반이자 변화의 마디일세. 이런 의미에서 6을 기반으로 하고 5를 그 용用으로 하여, 5와 6을 서로 엮어서 육십갑자를 만든 거라네.

학생 5와 6을 어떻게 관계 지어야 60이 됩니까?

백운 앞에서도 말했듯이 음·양 상대의 원리에 따라 5와 6에도 각각 음·양의 양면이 있지. 따라서 5×6=30에다 또 30을 한 번 더해서 60이 나왔네. 그런데 60이란 앞에서 말한 태양수太陽數 36과 태음수太陰數 24를 서로 더한 것과도 같은 의미의 수일세.

학생 6의 대연大衍도 60이 아닙니까?

백운 그렇지. 육십갑자의 60은 6의 10배수이고, 대연大衍의 수 50은 5의 10배수이지. 이처럼 대연의 수와 육갑의 수는 5와 6의 원리를 각각 응용한 걸세.

학생 대연의 수 50과 육갑의 수 60은 어떤 차이가 있습니까?

백운 이미 살펴본 5와 6의 관계와 같네. 50은 오행五行의 이치와 같이 변화의 법칙을 나타내는 수이고, 60은 운행의 법칙을 나타내는 수일세. 인체에 비유해서 말하면 50은 오장五臟의 이치이고,

208 주역

60은 육부六腑의 이치라네.

학생 육갑은 천간天干과 지지地支로 나누어져 있습니다. 천간은 갑甲, 을乙, 병丙, 정丁, 무戊, 기己, 경庚, 신辛, 임壬, 계癸 열 글자이고, 지지地支는 자子, 축丑, 인寅, 묘卯, 진辰, 사巳, 오午, 미未, 신申, 유酉, 술戌, 해亥 열두 글자이지요. 이처럼 천간天干과 지지地支라는 두 종류로 나누는 이유는 무엇입니까?

백운 그것도 5와 6의 관계와 같이 음·양 양면으로 된 점일세. 5는 용사用事가 되고 6은 체상體象이 되어 천天-양陽, 지地-음陰의 교류를 통해 변화를 나타내게 한 것이지.

학생 천간天干은 열 글자, 지지地支는 열두 글자로 된 것에는 무슨 뜻이 있습니까?

백운 천간이 열 글자로 된 것은 빠르다는 뜻이고, 지지가 열두 글자로 된 것은 느리다는 뜻이네. 하나는 빠르고 다른 하나는 느리므로 서로 교차하여 변화를 일으키는 걸세.

학생 10을 빠르다, 12를 느리다라고 보시는 이유를 말씀해 주십시오.

백운 개수가 적은 것은 간단하다는 뜻이므로 빠르다고 하고, 개수가 많은 것은 복잡하다는 뜻이므로 느리다고 하는 걸세. 예를 들어 천간天干의 10과 지지地支의 12를 어떤 물체가 원형 궤도를 따라 공전하는 주기를 나타내는 수라고 해 보세. 그러면 천간은 10일이 걸리면 한 바퀴를 돈다는 뜻이 되고, 지지는 같은 궤도를 12일이 걸려야 한 바퀴 돈다는 뜻이 되지 않는가?

이런 의미로 천간은 빠르다, 지지는 느리다는 뜻으로 보는 걸세. 그런데 천간과 지지의 속도가 이렇게 다르기 때문에 처음 출발한 지점에서 둘이 서로 만나려면 천간은 여섯 바퀴, 지지는 다섯 바퀴를 돌아야 하지. 따라서 천간과 지지가 출발점에서 서로 만나려면 60일이 지나야 하네. 육십갑자도 마찬가지로 천간의 첫 글자인 갑甲과 지지의 첫 글자인 자子가 서로 만나는 데 60이라는 수가 필요하지. 그래서 육갑六甲은 60이라는 수로 되어 있는 걸세.

지금까지 이야기한 천간과 지지의 이치는 해와 달의 운행 일수에 차이가 있는 것과 같다네. 그러므로 육갑이란 천간과 지지가 빠르고 느린 데서 생기는 음양의 변화를 추리하여 자연계나 사람살이의 흐름을 알아내려는 것일세. 그리고 60이라는 수는 1개월 30일의 음·양 양면에 해당하고, 1년 360일의 360과 동류同類의 수이지.

학생 네, 잘 알겠습니다. 그리고 간과 지를 표시한 글자들에는 어떤 의미가 들어 있습니까?

백운 갑甲, 을乙, 병丙, 정丁……. 자子, 축丑, 인寅, 묘卯……. 하는 글자들은 해와 달이 운행함에 따라 아침·저녁, 낮·밤이 생기고 봄, 여름, 가을, 겨울이 생겨 추위와 더위, 바람과 비의 변화를 일으키는 것과 같은 변화의 성질이나 형태를 표시한 거라네.

학생 그렇게 보면 육갑은 천문학天文學적이군요?

백운 맞아. 하지만 주역에서 말하는 천문이란 오늘날의 천문학처럼 실제로 측량하는 것이 아니라 천문의 원리原理를 가리킨다네.

41. 사람의 마음(1) – 도덕

학생 선생님께서 자연계만이 아니라 인간의 사상이나 정치·문화도 어떤 법칙에 따라 움직인다고 말씀하셨지요.

백운 물론일세. 사람의 일이란 자기 마음대로만 진행되지는 않지. 모두 어떤 법칙적인 규범에 따르는 걸세. 인류의 역사를 보아도 사상이나 정치·문화의 형태가 시대적으로 순환하며 변천한다는 것을 알 수 있지. 그런데 그것은 일정한 궤도에 따라 진행된다네.

인간이나 만물의 유형有形·무형無形의 변화와 생성·소멸은 모두 대자연계의 천체 운동과 밀접한 관계가 있네. 천체 운동의 형식이나 운동의 법도法度에 따라 순환적으로 흘러간다는 말일세. 천체 가운데는 공간의 어떤 한 위치를 점유하여 방위적으로 그 공간을 구분하는 성좌가 있고, 성좌와 성좌 사이를 운행하는 금성·목성·수성 같은 별들이 있네.

이 별들의 나아가고 물러나며 올라가고 내려오는 운동에 따라 지구상의 생물이 생성되고 자라는 데 변화가 생기고, 생물들의 생활 형태에도 커다란 변동이 생기는 걸세. 그런데 그 변화의 형식은 삼각형의 형식으로 되어 있고, 사각형 형식으로 나누어진 형상을 이루는 등 수數의 원리로 변화하지. 그리고 그 변화의 주기도 수의 원리에 따른다고 생각하네.

학생 자유로운 정신을 가진 인간이 자연계와 같이 움직인다는 것을 납득하기 어렵습니다.

백운 그렇게 생각하는 것은 자네의 심정心情일 뿐 이성적理性的인 관찰은 아니네. 만약 우리에게 태양이 없다면 정신이고 무엇이고 이야기할 여지가 없지 않을까? 만약 자연의 법칙이 없다면 자네 마음에만 유독 이성理性이 있을까? 물론 자연의 법칙이 우리의 자유로운 삶을 방해하는 것은 아니라네. 그러나 우리는 자기가 지니고 있으면서도 자기도 모르는 자연의 법칙에 따라 태어나고 살고 죽는 것일세.

학생 대자연의 법칙이 곧 나의 법칙이 된다는 말씀입니까?

백운 크게 말하면 그렇다네. ‘나我’라고 하는 것에는 자기가 알고 있는 ‘나’와 자기가 인식하지 못하는 ‘나’가 있네. 그 인식하지 못하는 ‘나’라는 것이 곧 자연과 같다는 말이지. 우리가 우리 몸의 생리 구조가 자연의 법칙에 따라 이루어졌다는 것을 인정한다면, 우리의 마음이나 우리가 하는 일 또한 그 법칙대로 움직인다는 것을 부인할 수 없는 일 아니겠나?

학생 네. 사람의 자유 의식이라는 것도 한 법칙의 발현이라는 것을 이해하겠습니다. 그러면 사람의 마음은 어떻게 이루어져 있습니까?

백운 우리의 마음, 곧 심성心性이란 사람이 자연의 진리로부터 받아 가지고 태어난 본래의 성품을 말하네. 인간의 심성이란 우주의 진리 그 자체가 드러난 것이므로 우리 마음에는 우주의 모든 이치가 갖추어져 있지. 그런데 사람의 심성을 크게 지성知性과 덕성德性으로 나눌 수 있네. 지성이란 심성의 이치적인 면을 말하고, 덕성이란 심성의 양심적良心的인 면을 말하지. 우주 창조의 도리道理가 사람의 마음에 부여된 것이 지성이고, 우주 생명의 공덕功德이 사람의 마음에 새겨진 것이 덕성일세.

학생 우주 창조의 도리道理, 우주 생명의 공덕功德이란 무슨 말씀입니까?

백운 그것이 바로 우리가 도덕道德이라고 말하는 걸세. 도道란 말은 동양에서 진리의 대명사로 쓰여 왔는데 유도儒道, 불도佛道, 선도仙道 하는 도라는 말에는 '우주와 인생의 길'이라는 의미가 있지. 그리고 덕德이란 도道의 공덕功德이라는 뜻인데, 그것은 도의 형태를 이理와 덕德으로 구별하여 말한 걸세.

도道라는 말에는 도의 이理와 도의 덕德이라는 양면적인 의미가 있네. 도의 이理가 도리道理이고, 도道의 덕德이 도덕道德이지. 도리란 우주 생명의 이적理的인 면을 말하고, 도덕은 우주 생명의 실상實相을 의미하네. 다시 말하면 도리는 우주가 창조된 원리이고, 도덕은 우주 생명이 나타나는 공덕功德일세.

지금까지 말한 대로 삼라만상이 나타나기 전의 무형無形한 진리를 도라고 하고, 삼라만상을 나타내는 생명의 공덕功德을 덕이라고 하네. 그런데 도라는 말의 뜻은 매우 광범하네. 해, 달, 별에 부여된 이치를 천도天道라고 하고, 수水, 화火, 목木, 금金, 토土 오행의 이치를 지도地道라고 하며, 사람에게 부여된 본성本性을 인도人道라고 하는 등 도를 하늘, 땅, 인간[만물]의 세 가지로 크게 구분하네. 이것을 삼재三才라고 하지.

그러므로 도덕이란 우리가 흔히 알고 있는 '사람답게 사는 길' 정도의 좁은 의미에 국한되지 않네. 크게 말하면 도덕은 우주를 포함하는 것이고, 작게 말하면 눈에 보이지 않는 미세한 생물까지도 모두 도덕의 이치에 따라 살아가는 것이라네.

학생 도덕이 사람에만 국한된 것이 아니라는 점에 대해 좀더 자세히 말씀해 주십시오.

백운 먼저 천문天文에 비유해 말해 보지. 천체가 일사불란하게 규칙적인 운행을 하여 서로 상충됨이 없이 유구한 생명을 유지할 수 있게 하는 오묘한 작용도 도덕적인 원리가 베풀어진 것이며,

해와 달이 빛과 더운 기운, 찬 기운을 내보내 만물을 태어나게 하고 기르는 것도 도덕의 원리에 따른 걸세.

비근한 데 비유하면, 식물들이 음양 교합交合의 이치에 따라 열매를 맺어 다시 생명의 이치를 구성하는 것도 도덕의 원리에 따른 걸세. 옛부터 식물의 씨를 인자仁子라고 하여 인仁자를 쓴 것도 이런 의미에서라네.

이처럼 도덕의 원리는 여러 가지 형태로 퍼져 나가 온 우주에 가득하네. 우주는 하나의 생명체이고, 사람의 이성理性·도덕道德은 그 생명의 참모습이지. 그러므로 도덕이란 나의 대상이 아니라 내 마음, 내 본성 그 자체일세.

물론 도덕의 원리는 여러 생물 가운데서 사람에게 가장 잘 갖추어져 있네. 하지만 그렇다고 해서 다른 생물에 도덕의 이치가 없는 것은 아니지. 그리고 도덕이 눈에 보이지 않는 마음에만 있는 것이 아니라 우리 몸의 형태도 도덕의 원리로 구성되었다네.

학생 우리 몸의 형태까지 도덕의 원리로 구성되었다는 말씀의 뜻을 잘 모르겠습니다.

백운 도덕의 원리란 한 생명을 의미하는 걸세. 그러므로 생명을 가진 것은 모두 도덕으로 이루어져 있네. 그리고 그 물질적인 구성의 원리도 도덕력道德力의 교합交合 작용으로 이루어진 것이라고 보는 걸세.

학생 도덕력道德力의 교합交合 작용이라니요?

백운 비유하자면 지구상의 모든 생물이 지구의 인력에 의해 지구에 부착되어 살고 있는 것과 같다고 할 수 있지. 이처럼 모든 물질이 서로 교합하여 한 형체를 이루는 것도 서로 흩어지지 않고 부착하려는 성질이 있기 때문일세. 그런데 그 부착하려는 성질이 또한 생명 구성의 원리에 의한 것이라네. 그러므로 우리 몸의 생리도 생명의 원리로 이루어진 것이고, 우리의 마음에도 그 원리가 새겨져 있다는 말이지.

학생 그러면 도덕이란 우주 생명의 근본 원리이면서 인간의 생명 그 자체라고 할 수 있겠군요.

백운 그렇다네. 그러므로 도덕을 배반하는 것은 곧 자기 생명을 배반하는 것이지.

42. 사람의 마음(2) – 지성

학생 앞서 사람의 마음을 지성知性과 덕성德性으로 나누어 말씀하셨지요. 우주 창조의 도리道理가 사람의 마음에 부여된 것이 지성知性이고 우주 생명의 공덕功德이 사람의 마음에 새겨진 것이 덕성이라면, 지성은 도의 이理이고 덕성은 도의 덕德이라고 할 수 있겠군요?

백운 그렇지. 모두 같은 말이야. 사람의 심성과 도덕의 근본은 같은 걸세. 자연의 원리가 새겨진 것이 사람의 심성이고, 그 심성이 옳게 발휘되는 것이 도덕이라네.

학생 사람의 심성이 도덕의 원리로 되었다면 도덕을 위배하는 마음은 생길 수 없어야 할 텐데, 인간이 무수한 죄악을 저지르는 것은 무슨 이유입니까?

백운 그것은 선善, 악惡의 문제인데, 여기서는 대략적인 이유만 말해 보겠네. 선에도 악惡이라는 한 측면이 포함되어 있는데, 그것이 발휘되어 선을 상대하는 악이라는 하나의 현상이 되지. 이 같은 이치가 우리 마음 가운데도 있기 때문에 마음을 심성心性과 심정心情으로 나누네.

성性이란 마음의 근본인 순수한 본성本性을 말하고, 정情이란 육신肉身의 생리生理에 따라 일어나는 욕망을 뜻하지. 이처럼 마음에도 양면적인 구별이 있기 때문에 우리는 양심良心과 도덕道德을 어기는 일을 하게 되는 거라네.

학생 예. 잘 알겠습니다. 그러면 지성知性과 덕성德性 각각에 대해 말씀해 주십시오.

백운 먼저 지성에 대해 이야기해 보지. 나는 우리의 지성에는 '세 가지 변화'와 '다섯 가지 형태'가 있다고 보네. 다시 말해 인간의 지각 작용은 3단계 변화의 조건과 과정으로 성립되고, 그 지각의 형태는 다섯 가지로 나누어진다는 걸세.

학생 3단계 변화의 조건과 과정이란 무슨 말씀입니까?

백운 지각에 세 가지 조건이 있다는 것은, 대체로 하나의 지각이 이루어지는 데에는 주관이 있고, 그 대상이 있어야 하며, 거기다가 주관과 대상 사이를 연결하는 연결자가 있어야 한다는 말일세.

그리고 지각의 과정에 3단계가 있다는 것은 이런 뜻일세. 한 사물의 이치를 완전히 파악하는 데는 옳으냐, 그르냐 하는 대립적인 두 가지 생각이 먼저 활동하고 동시에 판단이라는 형식이 생겨나네. 그러므로 완전한 인식에 이르려면 3단계의 과정을 거쳐야 한다는 말이지.

학생 지성知性의 다섯 가지 형태란 무엇을 말합니까?

백운 우리의 지각에는 다음과 같이 다섯 가지 형태가 있다는 걸세.

1. 정지情智 : 생명을 유지하기 위해 생리적生理的으로 일어나는 정적情的인 지각

2. 이지理智 : 사물이나 일의 이치[理]를 추리하여 인식하는 것

3. 영지靈智 : 이치로 생각해서 아는 것이 아니라 직관적直觀的으로 마음에 그 현상이 나타나서 아는 것

4. 무사지無思智 : 눈에 보이거나 귀에 들리는 것도 없이 즉각 아는 것

5. 대명지大明智 : 영지靈智와 이지理智의 중간에서 생기는 지각의 한 형태. 꿈처럼 흐릿하게 들리거나 보이는 것이 아니라 밝은 대낮에 직접 현실에서 보고 듣는 것과 같고, 어떤 한계나 막힘도 없는 지각의 형태

학생 선생님 말씀을 들으면서도 확실히 그렇다는 믿음이 서지 않습니다. 어떤 현상에 비유해서 자세히 말씀해 주셨으면 합니다.

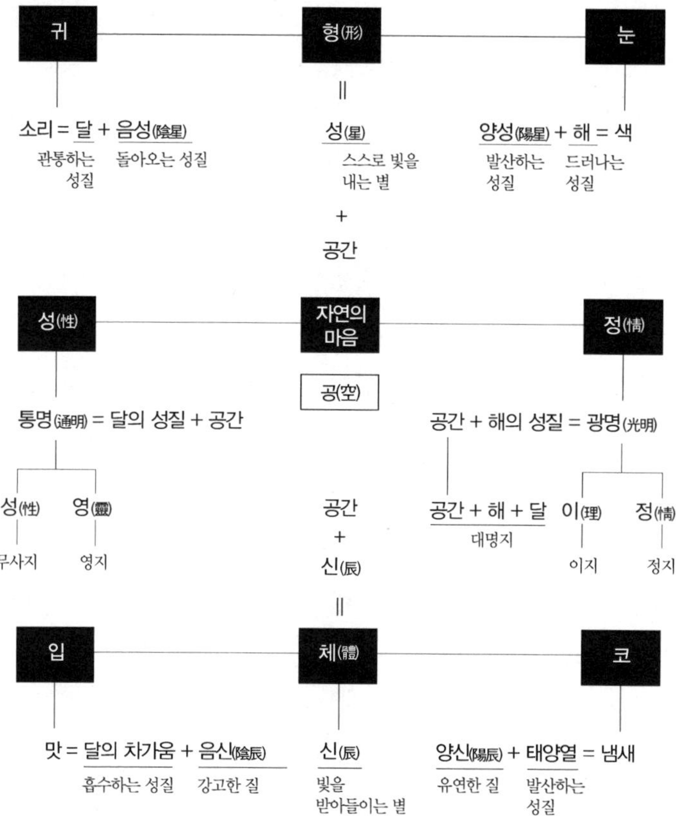

백운 잘 믿어지지 않을 걸세. 그리고 내가 꼭 그렇다고 주장하는 것은 아니니, 다만 자네가 연구할 때 참고하길 바랄 따름이네.

그 동안 여러 차례 이야기했지만, 사람의 모든 일은 천문天文의 원리와 다르지 않네. 다만 사람이 그 뜻을 알지 못할 따름이지.

사람의 지성知性의 형태도 천문天文에 비유해 좀더 말해 보긴 하겠는데 자네가 잘 이해할 수 있을지 의문일세.

앞의 표는 사람의 지성과 천문의 현상을 비유한 것인데, 이 표를 보면서 이야기하세. 먼저 가운데 부분에 공空이라고 한 것은 공간空間이란 의미일세. 어떤 현상이든 공空의 이치가 없으면 성립할 수 없는 것과 마찬가지로 천문天文도 공간 없이는 나타날 수 없다는 뜻이지.

그리고 그 왼쪽에 '공간+달의 성질=통명通明'이라고 한 것은 공간과 달의 성질이 합해지면 통명이라는 현상이 나타난다는 말이네. 그런데 통명이란 이치는 사람에서의 성性이라는 이치와 같고, 성은 또 본성本性과 영성靈性으로 나누어지네. 본성本性에 대응하는 것이 무사지無思智이고, 영성靈性에 대응하는 것이 영지靈智일세.

오른쪽에 '공간+해의 성질=광명光明'이라고 한 것은 공간과 해의 성질이 합하면 광명光明을 낸다는 말일세. 그 광명光明이라는 이치는 지성知性에서 정지情智와 이지理智의 이치에 대응한다고 보네.

가운데 공空 아래에 '공간+신辰=체體'라고 한 것은 공간의 이치와 신辰이라는 물질적인 것이 합하면 체질體質 같은 질質적인 성질이 나타난다는 말일세. 그리고 '음신陰辰 + 달의 차가움 = 맛'이라는 것은 음신이라는 물질적인 이치와 달의 차가운 성질이 합하면 사물의 맛을 낸다는 뜻이네. 또 맛을 느끼는 것은 입 속의 혀이기 때문에 입에 비유한 걸세. '양신陽辰 + 태양열 = 냄새'라는 것은 양신이라는 기질적氣質的인 이치와 태양의 열이 합하면 냄새를 낸다는 뜻이지. 냄새를 맡는 것은 코이므로 코에 비유했네.

가운데 공空의 위쪽을 보세. 공간의 이치와 성星이라는 천체의 이치가 합하면 소리, 색 등의 이치로 나타나네. 음성陰星의 이치와 달의 성질이 합하면 소리가 생기는데 그 소리를 듣는 것은 귀이지. 그리고 양성陽星의 이치와 해의 성질이 합하면 색色이 나타나는데 그 색色을 보는 것은 눈이네.

지금까지 말한 것과 같은 이치에 따라 인간을 비롯한 만물의 마음과 형체가 이루어지네. 그리고 사람의 지성知性에도 통명通明에 속하는 무사지無思智와 영지靈智, 광명光明에 속하는 이지理智와 정지情智라는 네 가지 분별이 생기게 되네. 이것은 사상四象의 이치와 같은 것이지. 그 네 가지에다 공간, 해, 달의 세 가지 성질이 합쳐서 생기는 대명지大明智를 더해 모두 다섯 가지 형태가 된다네.

내가 지성知性의 다섯 가지 형태를 말하는 것은 단지 원리를 따져서만 이야기하는 것이 아니라 나 자신의 체험에 기초해서 말하는 걸세. 이 지성知性의 다섯 가지 형태도 또한 자연 현상과 부합하는 것이라네.

학생 지성知性의 다섯 가지 형태라는 것이 참 현묘玄妙한 이치인 것 같습니다. 하지만 '양신陽辰+태양열=냄새'라는 것과 '음신陰辰+달의 차가움=맛'이라는 데 대해서는 전혀 모르겠습니다.

백운 여기서 '신辰'이란 지구와 같은 하나의 물질을 말하는데, 물질에 열을 가하면 냄새가 생기네. 대체로 냄새라는 것은 사물의 맛이 발산되는 데서 생기고, 맛은 냄새가 압축되는 이치에 따라 생기는 걸세. 그런데 태양의 열은 발산 작용을 하고 달의 차가움은 수축 작용을 하지. 그래서 태양열과 물질이 합하면 냄새가 되고, 달의 차가움과 물질이 합하면 맛이 된다는 걸세.

학생 '양성陽星 + 해 = 색', '음성陰星 + 달 = 소리'라는 것에 대해서도 설명해 주시지요.

백운 색과 소리의 이치도 천체에 비유해서 말했네. 하지만 여기서 해나 달, 별을 그 물체 자체라고만 생각해서는 안 되고 그 천체의 성질이라고 보아야 하네.

먼저 음성陰星의 성性인 끌어당기는 성질, 돌아오는 성질과 달의 관통하는 성질, 투명한 성질이 합하면 소리가 생기네. 그리고 양성陽星의 발산하는 성질과 해의 드러나는 성질이 합하면 색色이 생기지. 이것은 소리와 색의 성질을 가지고 추리해 보면 이해할 수 있을 걸세.

그리고 소리와 색을 각각 귀와 눈에 비유한 것은, 귀로 소리를 들을 수 있고 눈으로 색을 볼 수 있는 것과 같이 귀와 눈의 형체와 성질, 기능도 소리와 색이 생기는 것과 같은 원리로 이루어진다는 의미일세.

43. 자연과 사람의 정신

학생 선생님께서는 계속 사람의 정신精神 작용이 자연계의 원리와 같이 이루어진다고 하시는데, 그 점에 대해 구체적인 실례를 들어 주실 수는 없을까요?

백운 확실한 증거는 아니더라도 이런저런 현상을 통해 추리해 볼 수는 있겠지. 앞에서도 여러 번 이야기했지만, 대자연계大自然界는 우주 생명의 원리가 표현된 것이고 인간을 비롯한 만물은 천지天地 일월성신日月星辰이 자체의 성性을 발휘함에 따라 생겨난 거라네. 그러므로 인간과 만물의 모든 것, 유형有形·무형無形의 모든 것이 대자연계大自然界와 같은 걸세.

해, 달, 별 같은 물질과 사람의 정신精神이 무슨 관계가 있을까 하고 생각하기 쉽지만, 사람도 육체라는 물질을 가졌고 그 육체

위에 마음을 가지고 있네. 마찬가지로 천체도 보이지 않는 원리나 법칙을 가지고 있는 걸세. 우주도 커다란 하나의 인격이란 말이지. 사람의 마음이 육체를 떠날 수 없는 것과 마찬가지로 우주의 정신精神도 천체를 여윌 수 없네.

우리는 인간만이 마음을 가졌다고 생각하기 쉽지만, 미세한 생물들도 모두 마음의 원리를 가지고 있다네. 나아가 우주도 하나의 마음이 표현된 것이고 그 속의 하늘과 사람, 너와 나의 마음은 하나로 연결되어 있지. 마음의 원리는 하늘과 사람·만물이 다르지 않네. 사람은 천심天心 속에서 살고 또 천심은 인심人心 속에 들어 있어 서로 뗄 수 없는 관계가 있는 걸세.

사람의 정신은 대체로 '드러남'과 '잠재됨'이라는 양면적인 작용을 하네. 드러나서 활동하는 정신은 이지理智나 감정感情 같은 정신 작용이고, 잠재적으로 활동하는 정신은 영靈이나 꿈 같은 정신 작용이지. 그런데 드러나는 이지理智나 감정感情은 태양의 이치와 같이 움직이고, 잠재적인 영靈이나 꿈은 달의 성질과 같이 움직인다네.

우리의 하루를 한번 생각해 보세. 새벽녘 태양이 동쪽에서 솟아오르기 시작해 우리가 사는 지역이 밝아 오면 사람을 비롯한 모든 생명체들은 눈을 뜨고 일어날 준비를 하지. 눈을 뜬 이후에 활동하는 정신은 이지적理智的이거나 감정적感情的인 정신 작용일세. 이처럼 낮에는 이지적理智的인 정신이 활동하는데, 오후가 되면 마음의 상태가 조금 달라지지. 오전에는 마음이 활동적이어서 적극성을 가지고 있지만, 석양이 되면 차차 가라앉기 시작해서 밤이 되면 눈에 띄게 마음의 상태가 변하네.

아침은 양陽에 속하는 시간이므로 사람의 마음도 양적陽的으로 활동하고, 밤은 음陰에 속하는 시간이므로 사람의 마음도 사적私的으로 흐르는 걸세. 예를 들어 남에게 사사로운 부탁을 할 때는 밤에 교섭하는 것이 효과적이라고 하네.

또 밤이 되어 태양의 빛이 모두 사라지고 나면 사람과 만물은 눈이 감기면서 잠이 오는데, 그것은 해가 지듯이 사람의 기혈氣血이나 정신이 인체의 아래쪽으로 내려가기 때문일세. 낮에는 태양이 하늘 높이 떠오르는 것과 같이 사람의 정신도 인체의 위쪽인 앞머리 부분에서 이지적理智的인 활동을 하고, 밤이 되면 그 정기精氣는 인체의 아래쪽인 신장의 신경계에 잠재해 쉬게 되지.

반면에 밤에는 뒷머리 부분에서 달의 성질과 같은 정신이 활동을 하는데, 그 정신 작용이 바로 우리가 꾸는 꿈이라네. 꿈이라는 정신 상태는 영성靈性이 순수하지 못하게 나타나는 것인데, 꿈은 그 상대가 되는 정신인 이지理智와 감정感情의 파동을 받아서 나타나고 사라지는 것이 불규칙하지. 꿈은 이지처럼 이치를 따져서 인식하는 것이 아니라 직감적直感的으로 나타나는 정신 작용인데, 그것이 물의 성질과 같이 투명하여 통명지通明智에 속하는 영지靈智의 하나일세.

학생 사람의 정신에도 마치 해와 달의 성질과 같은 움직임이 있다는 말씀이시군요.

백운 그렇지. 지금까지 말한 대로 사람의 정신도 하늘에서 해와 달이 서로 작용하는 것과 같은 양면적인 작용을 하네. 그 가운데 '드러남'의 작용은 '해의 마음'과 같고, '잠재됨'의 작용은 '달의 마음'과 같다고 할 수 있지. 그런데 드러나는 마음의 작용은 태양의 칠색七色에 조응하여 칠정七情이라는 형태를 띠네.

그리고 달의 마음인 영靈의 작용에는 두 가지 구별이 있네. 이미 앞서 말했듯이 그 가운데 하나는 공간과 달의 성질이 합쳐서 나타나는 것이고, 다른 하나는 '공간+해+달'로 나타나는 걸세.

학생 공간과 해와 달이 합쳐진 것을 대명지大明智라고 하셨는데, 그것은 매우 고차원적인 지성知性의 형태인 것 같습니다. 대명지大明智에 대해 좀더 자세히 말씀해 주십시오.

백운 대명지大明智란 보통 사람은 체험하기 어려운 심령心靈 상태인데, 수도修道하는 사람들 가운데는 간혹 체험하는 사람들이 있다고 하네.

해의 마음과 달의 마음의 중간적인 정신이라 할 수 있는 대명지大明智는 수도修道를 통해 무아無我의 경지에 이르렀을 때 체험하는 정신의 한 상태일세. 그러나 사람의 생각이 완전히 정지된 상태는 아니어서 자기를 반성할 수도 있지. 그러나 자기가 사람인지 또 이름이 무엇인지도 알 수 없고, 자기가 어떤 장소에 앉아 있는가를 돌이켜보아도 이렇다 할 것이 없는, 즉 상대적인 분별이 전혀 없는 상태라네. 누구든지 이런 심경心境에 들어가면, 대명大明한 영지靈智와 영능靈能이 나타나는 걸세. 그러나 인간인 이상 자아自我의 존재를 완전히 잊는다는 것은 매우 어려운 일이고, 또 그 상태를 지속할 수도 없는 일이라네.

44. 사람의 마음(3) – 덕성

학생 앞서 지성知性은 우주 창조의 도리道理가 우리의 마음에 부여된 것이고, 덕성德性은 천지 생명의 공덕功德이 우리의 마음에 새겨진 것이라고 하셨지요. 이제 덕성에 대해 자세히 말씀해 주십시오.

백운 지성知性이라는 '지知'자에는 이지적理知的이라는 의미가 있고, 덕성德性이라는 '덕德'자에는 심정적心情的이라는 뜻이 있네. 그러므로 인간은 자기의 지성으로 자연의 원리를 알게 되고, 덕성을 발휘하여 참과 거짓, 선善과 악惡을 느끼게 되지. 덕성은 우리의 양심적인 감성感性을 가리키네.

학생 각자 양심대로만 행동하면 자연의 법칙을 어기지 않는 것입니까?

백운 그렇지만은 않네. 양심이라 해도 천성天性 그대로 나타난다고 할 수는 없지. 관습이나 외부적인 영향에 의해 잡스러운 마음과 뒤섞여서 나타나는 심리 상태를 양심으로 잘못 아는 일이 있는 걸세. 그러므로 양심에도 이성적인 비판이 필요하다네.

학생 그렇겠군요. 지성에 다섯 가지 형태가 있는 것과 같이 덕성에도 구별이 있습니까?

백운 물론이지. 옛부터 사람의 덕성을 크게 두 가지로 나누어 왔네. 하나는 '사랑하는 마음[仁]'이고, 다른 하나는 '의로운 마음[義]'이지. '사랑하는 마음[仁]'은 생명을 보호하고 키우려는 마음이고, '의로운 마음[義]'은 그것을 조절하고 지키려는 마음이네. 사랑하는 마음은 감정적感情的이고 의로운 마음은 이성적理性的이며, 사랑하는 마음은 따뜻하고 부드러운데 의로운 마음은 차갑고 강하지. 사랑하는 마음이 우리 몸의 피와 살이라면 의로운 마음은 근육과 뼈대와 같다고 할 수 있네.

이처럼 사랑과 의로움은 서로 상대적인 관계가 있어서 서로 잘 조화되어야만 참다운 도덕道德이 된다네. 만약 사랑하는 마음의 정도가 지나치면 유약하고 정情에 흘러 공公적인 질서를 잃게 되므로 사랑은 의리義理로 조화를 이루어야 하지. 그리고 의로운 마음이 지나치면 너무 강해져서 인정人情을 해치고 융화를 깨 분열과 투쟁이 생기므로 의리는 사랑으로 조화를 이루어야 하네.

의로움 없는 사랑은 참된 사랑이 아니고, 사랑이 없는 의리는 참된 의리라고 할 수 없네. 이처럼 덕성에도 따뜻함과 차가움, 강함과 부드러움의 구별이 있고 그것들이 서로 중화中和를 이루어야 인간과 만물을 낳고 기르는 도덕이 되는 거라네.

학생 덕성도 지성과 마찬가지로 해나 달의 덕德과 관계가 있겠지요?

백운 허공에 나타나 있는 천체가 뜻 없이 그저 오고가는 것처럼 보이지만, 거기에는 규칙적인 운동이 있고 지적知的인 원리가 있고 정적情的인 덕성이 있어서 만물을 생성하고 삼라만상의 조화를 일으키는 거라네. 사람을 비롯한 모든 생명체는 잠시라도 천체의 조화를 떠나서는 생존할 수 없는 걸세.

태양太陽[日]은 열을 내고, 태음太陰[月]은 찬 기운을 저장하는데 그 찬 기운과 더운 기운의 조화에서 기온이 적정하게 변화되고, 그 기온에 따라 모든 생명이 살아가는 것이네. 만약 태양의 열만 있고 달의 차가움이 없다면 이 세상은 불타 버리고 말 것이고, 반대로 태양의 뜨거움이 없다면 모든 것이 얼어붙고 말 걸세. 해와 달의 조화 속에서 우리가 살아가는 것처럼 인간의 도덕에서도 사랑과 의리가 조화를 이루어야 생명을 보호하는 참된 도덕이 되는 거라네.

태양太陽의 열은 우리 마음의 사랑[仁]과 같고, 태음太陰의 차가움은 의리[義]와 같네. 사랑하는 마음은 따뜻하고, 의로운 마음은 냉정하지 않은가? 이처럼 우리 심성心性에도 따뜻하고 차가운 해와

달의 원리가 들어 있네. 해와 달이 열과 차가운 기운을 내는 것은
만물을 기르는 덕성德性의 발로이고, 사람의 사랑과 의리의 마음
은 모든 생명을 보호하려는 덕성의 발로일세.

45. 선과 악

학생 사람의 본성에 대해서는 옛부터 여러 가지 주장이 있습니다. 그 가운데 대표적인 것이 성선설性善說과 성악설性惡說이지요. 선생님께서는 어떤 학설이 옳다고 보십니까?

백운 앞서 보았듯이 사람의 본성에는 지성知性, 덕성德性의 구별이 있는데 그 가운데 덕성이란 말 자체가 사람의 본성이 선善하다는 의미를 담고 있지. 사람의 본성만 선한 것이 아니라 우주의 본성도 선하다네. 선이란 생명을 위하는 마음인데, 우주 자체가 생명을 위해 건립되었고 우주 안의 생물은 모두 생명의 원리에 따라 살아가네. 그러므로 사람의 본성에도 생명의 이치가 부여되어 덕성으로 나타나는 거지.

학생 그런데 왜 '악惡'이라는 현상이 있을까요?

백운 악惡한 마음이란 본래 악한 것이 아니라 선이 변해서 된 것일세. 선도 정도가 지나치면 악으로 변하네. 악이란 본래 악을 위해 생겨난 것이 아니라 선이라는 현상의 상대로 나타나는 것이지.

선과 악은 서로 여읠 수 없는 상대적인 관계가 있는데, 이것은 생生이라는 한 원리가 양면적인 작용을 함으로써 생기는 생의 분별상分別相이라네. 그러므로 악 또한 생生의 한 측면이라고 할 수 있지. 선이라 해도 선이라는 하나의 이치만으로는 존재할 수 없기 때문에 악이라는 이치가 생기는데, 이것은 상대가 있어야만 한 현상이 나타날 수 있는 자연의 법칙에 따라 어쩔 수 없이 생기는 것이라네.

선이 있으면 악이 따라 생기고, 악이 있기 때문에 선이 영속적으로 존재할 수 있네. 선이라는 절대의 생명 원리는 그 생명을 영속시키기 위해 운동을 하게 되고 거기서 자연히 선과 악이라는 양면적인 현상이 생기는 거지. 악이란 잘 살려는 마음이 정도正道를 잃은 데서 생기는데, 바로 자기의 이로움을 위해 다른 사람을 해치는 것이라네. 자기에게 이로움도 없는데 남을 해치는 일은 없지. 그런데 자기 스스로를 이롭게 하려는 마음도 선의 이치일세.

학생 자기 스스로를 위하는 것을 어떻게 선이라고 할 수 있을까요?

백운 선善에는 자선自善과 타선他善의 구별이 있네. 자선이란 자기가 스스로를 해침이 없이 자신의 삶을 선善하게 하는 것을 말하고, 타선이란 남의 생명을 이롭게 하여 선을 이루는 것을 말하지. 대체로 남을 위하려는 마음도 자선의 이치에 따라 생기는 걸세. 내가 좋은 것을 알았으므로 남도 좋게 하려는 마음이 생기는 거지. 만약 자선의 심리가 없다면 타선의 심리도 생길 수 없기 때문에 자선이 타선의 근본이라고 할 수 있네.

'나'라는 생명은 본래 나의 것이 아니고 천지 생명의 원리에 따라 부모에게서 받은 것일세. 그러므로 자기의 생명이라 하여 함부로 할 수 없는 일이라네. 별다른 이유 없이 나의 육신이나 마음을 해롭게 하는 것은 스스로 악惡을 행하고 스스로 죄를 짓는 걸세.

이처럼 자기의 생生을 선善하게 하는 마음이 선의 근본이네. 자기를 진실로 위하는 방법을 모르는 사람은 남을 위할 줄도 모르는 법이지.

학생 자기를 참으로 위한다는 데 대해 좀더 자세히 말씀해 주십시오.

백운 스스로 자신을 해치려 하는 사람은 없을 걸세. 그러나 자기의 무지無知와 불선不善으로 인해 자기를 위한다는 것이 오히려 스스로에게 무서운 해독을 끼치는 일이 많네. 나를 위하려는 마음이 정도를 넘어서면 욕심이 되어 분수에 넘치는 일을 함으로써 자기 육신이나 마음에 무한한 고통을 주고 심지어는 생명까지 잃게 하는 일이 있지. 이것이 스스로에게 악을 행하는 걸세. 실제로 모든 일에서 남이 나를 해치는 것보다 내가 나를 해치는 일이 더 많은 법이라네.

우리가 자기를 위하려는 마음에도 두 가지가 있는데, 하나는 정적情的으로 나를 위하려는 마음이고, 다른 하나는 이성적理性的 비판으로 나를 위하려는 마음이라네. 정적으로 나를 위하려는 마음이란, 이치를 생각하지 않고 욕심에 따라 무리하게 자기를 위해 보려는 마음이지. 그런데 자연의 원리란 사람의 욕심을 맞추어 주는 것이 아니네. 그러므로 정적으로 나를 위하려는 마음은 결국 자신을 해치는 결과를 낳는 걸세. 반대로 이성적理性的 비판으로 나를 위한다는 것은 불합리한 욕심을 버리고 자연의 법칙에 따라 합리적·도덕적인 비판을 하여 나를 위하려는 것을 말하네.

남을 진정으로 위하는 것이 나를 위하는 것이고, 남을 해치는 것은 곧 나를 해치는 걸세. 그리고 나를 진정으로 위하는 것이 남을 위하는 것이고, 나를 해치는 것이 또한 남을 해치는 것이라네. 따라서 남을 해치면서 나를 위하는 것은 있을 수 없고, 남을 위하면서 내가 해를 입는 일이란 있을 수 없네.

이처럼 선善은 선에 귀착되고 악惡은 악에 귀결되네. 선은 삶의 이치이고 악은 죽음의 이치이지. 그러므로 선을 쌓는 것[적선積善]은 자기의 삶을 복되고 이롭게 하는 길이고, 악을 쌓는 것[적악積惡]

은 스스로 목숨을 끊는 길이라네. 옛부터 성현들이 중생에게 선

을 권한 것은 그것이 삶의 길이기 때문일세.

46. 착한 일을 하면 복을 받는가?

학생 선생님 말씀을 듣다 보니 '착한 일을 하면 복福을 받고 악惡한 일을 하면 천벌을 받는다.'는 말이 생겨납니다. 실제로 선행을 하면 복을 받는다고 보십니까?

백운 화禍와 복福은 선·악의 성질에 따라 생기는 걸세. 음·양에 성질이 있는 것과 같이 선과 악에도 움직임과 고요함, 밝음과 어두움, 떠오르고 가라앉음, 맑음과 탁함 등의 구별이 있어 사랑과 증오, 아름다움과 추함, 고통과 즐거움, 길함과 흉함 같은 결과를 나타낸다네. 그러므로 자기의 마음이나 행동이 선善하면 선善의 성질의 따라 길吉함과 복이 따라오는 걸세.

학생 길흉화복吉凶禍福이란 누가 주는 것이 아니라 자연의 섭리에 따라 생긴다는 말씀이군요?

백운 그렇다네. 길흉화복은 자연의 이치에 따라 자기가 지은 대로 받는 걸세. 선은 이성理性에서 생기고, 악은 기질氣質에서 생기네. 선은 가볍고 맑은 데서 나오고, 악은 무겁고 탁한 데서 생기네. 선은 광명에 속하고, 악은 암흑에 속하지. 선은 확 트인 데서 생기고, 악은 막힌 데서 생기네. 선은 마음을 비운 데서 나오고, 악은 집착에서 나오네.

우리가 기분이 쾌활하고 맑을 때는 선한 마음이 나고, 기혈氣血이 어지러워 기분이 탁할 때는 불선不善한 마음이 나지. 또 기혈氣血이 진정되어 있을 때에는 정신이 통명通明하고, 기혈이 흐릴 때는 정신이 어둡고 미혹스럽게 되네. 그러므로 통명은 선에 속하고, 어둡고 미혹함은 악에 속하네. 선한 마음은 마음이 가볍고 맑아 열려 있을 때 생기고, 악한 마음은 심정이 무겁고 탁해서 막혀 있을 때 생겨나지. 또 선한 마음은 자신에 대한 사사로운 집착이 없을 때 생기고, 악한 마음은 사사로운 생각이 가득할 때 생긴다네.

천지도 흐리면 무겁고 탁하며, 날씨가 개면 가볍고 맑아지지. 시냇물도 막히면 탁해지고 열리면 맑은 물이 되며, 바람이 불면 천지가 어지럽고 바람이 자면 천지도 맑아지네. 물은 물로 가고 불은 불로 가며, 맑은 것은 올라가고 흐린 것은 내려가네. 선은 선으로 가고 악은 악으로 가게 되어, 선한 것은 선을 만나고 악한 것은 악에 부딪히네. 그래서 선한 일은 형통亨通하고 악한 일은 막히게 된다네.

지금까지 말한 대로 악한 일을 많이 하면 악의 성질대로 귀착되고, 선한 일을 많이 하면 선의 성질대로 귀결되는 걸세. 그러므로 악을 많이 쌓은 사람은 마음이 무겁고 탁하며 어둡고 미혹해져서 죽은 뒤에 기질氣質과 같이 사라지고, 선을 많이 쌓은 사람은 정신이 가볍고 맑고 영명靈明해서 기질氣質을 여읜 제3의 영생명靈生命이 이루어져 영구한 생명을 보유할 수 있게 되지.

학생 그리고 보면 천당, 지옥 이야기도 완전히 무시할 수는 없겠는데요?

백운 선행善行을 많이 하면 정신이 맑고 경쾌해지므로 높은 데로 갈 것이고, 악행惡行을 많이 하면 정신이 무겁고 탁하고 어두워지므로 자연히 아래로 내려가 개천 같은 데서 떠나지 못하지 않을까?

ㅈ

<h1>주역 46가지 질문과 대답</h1>

발행일	|	초판 1쇄 2011년 8월 25일
지은이	|	한규성
엮은이	|	한필훈
펴낸이	|	고진숙
펴낸곳	|	안티쿠스
책임편집	|	김종만
북디자인	|	씨엘
인쇄·제본	|	상지사피앤비
물류	|	문화유통북스
출판등록	|	제300-2010-58호(2010년 4월21일)
주소	|	서울시 종로구 부암동 129-8 울트라타임 730오피스텔 612호
전화	|	02-379-8883, 723-1835
팩스	|	02-379-8874
홈페이지	|	www.antiquus.co.kr
이메일	|	mbook2004@naver.com

값은 뒤표지에 있습니다.
이 책의 무단전재 및 복제를 금합니다.

ISBN 978-89-92801-18-8 03140